Isabel Nitzsche

Business-Spielregeln rund um den Globus

Impressum

Bibliographische Information Der Deutschen Bibliothek:
Die Deutsche Bibliothek verzeichnet diese Publikation in der Deutschen Nationalbibliographie; detaillierte bibliographische Daten sind im Internet über http://dnb.ddb.de abrufbar.

© 2006, 2. aktualisierte Auflage
BW Bildung und Wissen
Verlag und Software GmbH
Südwestpark 82
90449 Nürnberg

Tel. 0911 / 9676-175
Fax 0911 / 9676-189
E-Mail: serviceteam@bwverlag.de
http://www.bwverlag.de

Umschlaggestaltung und Textlayout: Karin Lang, Nürnberg
Satz: Rolf Wolle, Fürth
Druck: Verlagsdruckerei Schmidt, Neustadt/Aisch
Redaktionelle Mitarbeit: Katja Schwarz, Alexandra Legath
Titel mit Genehmigung von PLAYMOBIL. PLAYMOBIL ist eine geschützte Marke der geobra Brandstätter GmbH & Co KG.

Quellen Informationskästen „Zahlen und Fakten":
www.auswaertiges-amt.de; www.wikipedia.de (Stand: Mai 2006)

Alle Rechte vorbehalten.
Für Vollständigkeit, Fehler redaktioneller oder technischer Art kann
– auch wegen der schnellen Veränderungen in Gesellschaft und Bildung, Wirtschaft und Technik – keine Haftung übernommen werden.

ISBN-10: 3-8214-7660-5
ISBN-13: 978-3-8214-7660-5

Isabel Nitzsche

Business-Spielregeln rund um den Globus

jobs ▪ business ▪ future
www.jobs-business-future.de
Bildung und Wissen Verlag

Inhaltsverzeichnis

Vorwort
Warum Interkulturelle Kompetenz so wichtig ist 7

Europa und Arabische Halbinsel
Frankreich: „Laissez faire" und „savoir-vivre" lernen 11
Spanien: Spontaneität wird groß geschrieben 17
Italien: Mehr als „Dolce Vita" – auch die Form zählt 25
Niederlande: Immer schön bescheiden –
„Normal ist schon verrückt genug" 31
Großbritannien: Bitte immer höflich 37
Schweden: Zurückhaltung kommt gut an 45
Polen: Charmanter Social Talk gehört dazu 53
Litauen: Mustergültig motiviert und mit Spaß bei der Sache 59
Tschechien: Sensible Improvisationskünstler 63
Ungarn: Gefühlvolles Business 67
Russland: Geschäfte brauchen viel Geduld 71
Türkei: Von traditionell bis hypermodern ist alles drin 79
Saudi-Arabien: Religion spielt die zentrale Rolle 87

Amerika
USA: Locker und mit Enthusiasmus an die Sache 97
Mexiko: Vieles ist eine Sache der Ehre 107
Brasilien: Freundlichkeit ist keine Schwäche 113

Asien
China: „Der Himmel ist groß und der Kaiser fern" 121
Indien: Verbindung von High Tech und Hierarchie 131
Malaysia: Ein spannender Kosmos mehrerer Völker 141
Südkorea: Hart arbeiten hat Priorität 151
Japan: Spagat zwischen Technologie und Tradition 159

Australien
Australien: Es gibt ein Leben neben der Arbeit 167

Afrika
Tunesien: Französischer Eindruck, orientalische Einstellungen . 173
Ägypten: Ohne Handeln kein Geschäft 179
Südafrika: Business mit britischen Gepflogenheiten 187

Inhaltsverzeichnis

Kulturstandards und Kulturdimensionen
Wir sehen die Welt so, wie wir sind 193

Schlussbemerkung 213

Anhang
Service-Adressen: Interkulturelle Experten und Institutionen ... 215
Literaturhinweise 224
Linktipps 227
Danksagung 228
Über die Autorin 229

Vorwort
Warum Interkulturelle Kompetenz so wichtig ist

Die Welt ist kleiner geworden, unser Horizont größer, internationale Geschäfte sind an der Tagesordnung. Täglich entwickeln sich neue Wirtschaftsbeziehungen zwischen Unternehmen. Nicht immer muss man ins Ausland reisen oder gleich länger dort arbeiten, oft kommen die Business-Partner auch nach Deutschland. Und häufig wird bereits in virtuellen Teams gearbeitet, bei denen die Partner weltweit über verschiedenste Standorte verteilt gemeinsam an Projekten arbeiten und sich dabei hauptsächlich auf elektronischem Weg und per Telefon austauschen. Von der Assistentin bis zum Vorstandsvorsitzenden, es gibt heute fast keine Position mehr, zu der keine Kontakte mit Ausländern gehören. Vom Verständnis für die andere Seite, die weit über das Verstehen der Sprache hinausgeht, hängen der Geschäftserfolg und damit auch der eigene Erfolg ab. Gute Karten hat dabei, wer Benimm-Klippen von vornherein weiträumig umschifft. „Interkulturelle Kompetenz" heißt das Zauberwort. Es bedeutet die Fähigkeit, sich im Ausland und bei Besuchen ausländischer Partner so zu verhalten, dass man nicht in jedes Fettnäpfchen tritt. Doch macht es wenig Sinn, Benimm-Regeln nur roboterhaft auswendig zu lernen. Stattdessen ist es wichtig, das kulturelle System eines Landes zumindest in Ansätzen zu verstehen und sich auf seine Bewohner einzustellen. Dabei gilt es, immer den Einzelfall zu berücksichtigen und sich zu fragen, wo ein Mensch herkommt, welche Sozialisation er oder sie hat, wie europäisch-westlich geprägt jemand aufgewachsen ist. Eine gewisse Sensibilisierung ist also nötig. Ebenso Flexibilität, Toleranz, Einfühlungsvermögen und die Fähigkeit, über sich selbst nachdenken zu können und eigene Normen und Werte in Frage zu stellen. All das sind Begriffe, die auch soziale Kompetenz beschreiben – von der Interkulturelle Kompetenz ein Teil ist.

Vorwort

Schlauer durch Multikulti-Teams

Inzwischen ist sogar wissenschaftlich bewiesen, dass multikulturelle Gruppen mehr lernen. Das ergab eine psychologische Studie der Stanford University in Kalifornien. Die Psychologen untersuchten mögliche Auswirkungen gemischter Gruppen auf das Lernverhalten von Studierenden. Zu diesem Zweck diskutierten mehrere Teams weißer Studenten, die ähnliche Einstellungen zu Kinderarbeit oder Todesstrafe hatten, jeweils mit einem farbigen oder einem weißen Gesprächspartner über diese Themen. Bei einem farbigen Gegenüber entwickelten die Studenten deutlich komplexere Gedankengänge um zu überzeugen, als wenn ihr Diskussionspartner ebenfalls weiß war. Auch bei anderen Tests zeigten Probanden mit einem gemischten Freundeskreis mehr Intellekt. Die Psychologen sind sicher: Ethnische Vielfalt führt zu geistig-gedanklicher Vielfalt. Es lohnt sich also in jedem Fall, Interkulturelle Kompetenz zu entwickeln.

Warnung vor Fettnäpfchen

Doch wie lässt sich diese Kompetenz erwerben? Interkulturelles Training zielt nicht darauf, kulturgebundene Verhaltensweisen zu leugnen und zu vermeiden, sondern darauf, sie wahrzunehmen und zu berücksichtigen. Wichtig ist dabei, dass die eigene Kultur nur eine von vielen ist und damit weder besser noch schlechter als andere und dass auch ganz andere Vorstellungen darüber existieren können, was man vom anderen erwarten kann. Oft ist die Bereitschaft groß, sich mit sehr fremdartigen Kulturen auseinander zu setzen. Es ist aber wichtig, sich klar zu machen, dass auch in den verschiedenen Ländern West- und Osteuropas das Verhalten sehr unterschiedlich sein kann. Schließlich verhalten sich selbst innerhalb Deutschlands Süddeutsche häufig anders als Norddeutsche. Die Andersartigkeit der unterschiedlichen Kulturen zu entdecken, kann sehr inspirierend sein und oftmals verblüffende Lösungswege eröffnen.

Kontrovers wird immer wieder diskutiert, ob bei der Beschäftigung mit kulturellen Unterschieden bei Trainings auf eine allgemeine Fähigkeit zum Umgang mit fremden Kulturen hingearbeitet werden soll oder ob die Teilnehmer tatsächlich Informationen über einen ganz bestimmten Kulturkreis erhalten sollen. Dieses Buch gibt detaillierte Hinweise über die Business-Spielregeln in 25 Ländern. Um eine erste Orientierung für das jeweilige Land zu geben, werden die wahrscheinlichsten Verhaltensmuster, die Mitglieder einer Kultur im Vergleich zur deutschen zeigen, beschrieben. Es kommt dabei nicht darauf an, sklavisch auswendig zu lernen, wie man sich in einer bestimmten Situation verhält, sondern darauf, ein grundsätzliches Verständnis für das jeweilige Land und seine Bewohner zu entwickeln. Dann wird es sich einem auch in ungewohnten Situationen von selbst erschließen, wie man sich angemessen verhält.

Interkulturelle Kompetenz zu entwickeln, ist ein Prozess. Bei der Einordnung eigener praktischer Erfahrungen helfen theoretische Modelle, kulturelle Unterschiede zu analysieren. Ein Überblick über diese Modelle bietet im Anschluss an die Länderporträts das Kapitel „Kulturstandards und Kulturdimensionen: Wir sehen die Welt so, wie wir sind" (ab S. 193). Die Beschäftigung mit diesen Modellen hilft, sich selbst grundsätzlich für kulturelle Unterschiede zu sensibilisieren und dabei den eigenen Standpunkt und die eigene Herkunft zu berücksichtigen. Schließlich geht es nicht darum, fremdes Verhalten zu imitieren, sondern sich darauf einzustellen, dass zwei Personen unter derselben Situation nicht zwingend dasselbe verstehen müssen. Und Ihr Gesprächspartner wird nicht erwarten, dass Sie sämtliche Regeln kennen, sondern wird es schätzen, wenn er merkt, dass Sie sich bemühen, die Gepflogenheiten seines Landes zu verstehen, selbst wenn es nicht die Ihrigen sind.

Letztlich zählt auch beim Business im Ausland dasselbe wie in Deutschland: Überzeugend ist bei aller sozialen Intelligenz nur derjenige, der authentisch handelt und sich selbst treu bleibt.

Isabel Nitzsche

Frankreich
„Laissez faire" und „savoir-vivre" lernen

Zahlen und Fakten

Fläche:	547 026 km²
Staatsform:	Präsidiale Republik
Hauptstadt:	Paris
Verwaltung:	22 Regionen, bestehend aus 96 Departements
Amtssprache:	Französisch
Bevölkerung:	61,1 Mio.
Religion:	82% Katholiken, 8% Muslime, 1% Protestanten, 1% Juden, 4% keine Religion
Währung:	Euro
Wirtschaft:	Weinproduktion, Agrarproduktion (Getreide, Gemüse, Obst, Wein und Tabak), Kraftfahrzeugherstellung, Flugzeugbau, Herstellung chemischer Erzeugnisse und elektronischer Anlagen, Tourismus
Klima:	Warm-gemäßigt, größtenteils maritim beeinflusst

„Ihre Zahlen sind falsch" – so kurz und knapp kommentierte der Mitarbeiter der deutschen Zentrale die Jahresmeldung des französischen Tochterunternehmens in einer E-Mail. Nur dieser eine Satz plus Anrede und Grußformel. Zum Ärger der französischen Kollegin. Sie fühlte sich angegriffen und war persönlich getroffen. Für Dr. Christoph Barmeyer, als interkultureller Trainer auf Frankreich spezialisiert, ist dieses Beispiel ein klassischer Fall eines Missverständnisses: Der Deutsche hat es nicht so gemeint, wie es die Französin aufgefasst hat. Der Kommunikationsstil sei in Frankreich eben völlig anders als in Deutschland, erläutert Barmeyer: „Die Dinge werden sprachlich verpackt und das erwarten die Franzosen auch von jedem anderen." Zwar sei es wichtig, die Geschäftssprache Französisch möglichst gut zu beherrschen, getan sei es damit allerdings nicht. Die Deutschen mit ihrer sehr direkten Art geraten oft in Gefahr, von den Franzosen, die viel Wert auf die Pflege von persönlichen Beziehungen legen, als eine Art Dampfwalze, als „rouleau compresseur" angesehen zu werden. Dazu gehört auch, nicht zu schnell nach Namen, Beruf und Position zu fragen. Der Umgangston ist eher etwas formeller als in Deutschland, die Konversation sollte Esprit haben, eine gute mündliche und schriftliche Ausdrucksfähigkeit schätzen die Franzosen sehr. Da ist es dann auch hilfreich, wenn man etwa weiß, dass „un concept" anders als das deutsche, bereits ausgearbeitete Konzept erst einmal nur eine Idee bezeichnet.

Im Falle Frankreichs muss man sich darüber klar sein, dass geografische Nähe nicht auch selbstverständlich kulturelle Nähe bedeutet. Was das konkret heißt, spürte die Marketing-Expertin Susanne Auchlin in ihrer früheren Tätigkeit als Assistentin, als sie einmal beim französischen Partnerunternehmen für Irritationen sorgte. Sie hatte sich mit einer Frage nicht an den entsprechenden Abteilungsleiter, sondern direkt an den Bereichsleiter gewandt. Heute würde ihr das nicht mehr passieren, denn Susanne Auchlin hat vor allem eines gelernt: „Die Hierarchie spielt in Frankreich die Hauptrolle."

Sich Zeit für die Lebensart nehmen zahlt sich aus

Christoph Barmeyer ist überzeugt: „Es ist wie mit einem Verkehrssystem: Man muss die Logik des Systems verstehen." Jede Situation sei anders und Tipps einfach nur auswendig zu lernen, helfe nicht in der speziellen Situation. Sinnvoll ist es dagegen, sich bestimmte Orientierungspunkte vor Augen zu halten, wie etwa, dass in Deutschland Fachkompetenz zählt, in Frankreich dagegen Status. Die richtigen Leute zu kennen ist deshalb von noch größerer Bedeutung. Man muss sich dafür sensibilisieren, wer wichtig sein könnte.

Um Fettnäpfchen zu vermeiden, empfiehlt Susanne Auchlin, in Frankreich nicht zu forsch aufzutreten, sondern eher ein bisschen zurückhaltend, respektvoll und sehr höflich zu sein. „Prenez votre temps" gilt für Barmeyer als wichtigstes Prinzip im Geschäftsleben mit französischen Partnern. Übersetzt heißt das so viel wie „Lassen Sie sich Zeit", meint aber vor allem auch: Lassen Sie dem französischen Kunden oder Partner Zeit, Sie kennen zu lernen und lernen Sie ihn kennen. „Rufen Sie Ihren Kunden oder Ihre Kollegin in Frankreich auch ohne offiziellen Grund zwischendurch einfach mal an und plaudern Sie ein bisschen", empfiehlt Michael Holzhauser. Er berät mit seinem international zusammengesetzten Team deutsche

Frankreich

und europäische Unternehmen in Fragen der Personal- und Organisationsentwicklung sowie des interkulturellen Managements. Im Gegensatz zur deutschen Einstellung „Schnaps ist Schnaps und Dienst ist Dienst" sei es für Franzosen wichtig, erst einmal eine Beziehung aufzubauen, bevor detailliert über Geschäftliches gesprochen wird.

Bei dieser Einstellung ist es verständlich, dass auch der Business-Lunch in Frankreich einen anderen Stellenwert hat und anderen Regeln genügt als in Deutschland. Nach Untersuchungen nehmen sich zwei von drei französischen Geschäftsleuten die Zeit, regelmäßig im Restaurant zu Mittag zu essen. Mehrere Gänge sind selbstverständlich, genauso wie ein oder mehrere Gläser Wein dazu. Das gemeinsame Essen dient dem Small Talk und der Beziehungspflege, Geschäftliches sollte dabei erst einmal außen vor bleiben. Trainer Sieghard Klingenfeld, der für Fach- und Führungskräfte, aber auch für Assistentinnen und Assistenten Frankreich-Trainings anbietet, schlägt vor, sich über Themen wie Sport oder Kultur zu unterhalten. Wer Angst hat, in solchen Situationen keine Gesprächsthemen parat zu haben, kann sich vorher in der Zeitung informieren – zum Beispiel darüber, welche großen Ausstellungen aktuell in Paris zu sehen sind. Zur geradezu sprichwörtlichen französischen Lebensart gehören statt deutschem Bierernst auch nette Bemerkungen. Gerade Frauen sollten sich nicht wundern, wenn französische Kunden jede Menge charmante Komplimente machen. Fragen privater und intimer Natur sind allerdings tabu. Um Business-Themen sollte es frühestens bei Dessert und Kaffee gehen oder wenn die französische Seite damit beginnt. Deutschen, die gern auf ihre Art und Weise effektiv arbeiten und gleich zur Sache kommen wollen, erscheint dieser Aspekt des französischen „savoir-vivre" oft wie Zeitverschwendung, aber: „Diese Investition zahlt sich immer aus", davon ist Barmeyer überzeugt.

Starke französische Intuition

Claudia Ackermann, heute Assistentin in einer internationalen Unternehmens- und Personalberatung, die als Sekretärin mehrere Jahre in Frankreich arbeitete, profitierte persönlich von der Zeit im

Nachbarland: „In Frankreich wird nicht so verbissen gearbeitet und Mitarbeiter werden mehr als Menschen gesehen. Dadurch habe ich mein Selbstbewusstsein entwickelt." Allerdings findet sie inzwischen auch, dass die so genannte „deutsche Gründlichkeit" ihre Vorteile hat. Wenn es um verbindliche Absprachen zum Beispiel mit Hotels geht, lässt sie sich Termine lieber einmal mehr bestätigen und fragt öfter vorsichtig nach. Innerlich ist sie trotzdem darauf eingestellt, dass vielleicht nicht alles ganz so klappt, wie es besprochen wurde. Auf der anderen Seite schätzt Claudia Ackermann die Fähigkeit der Franzosen, improvisieren zu können, wenn etwas anders läuft als geplant, und bewundert, wie sie dabei die Contenance bewahren. Auch Sieghard Klingenfeld hat die Erfahrung gemacht, dass die Arbeitsweise sehr unterschiedlich ist: Franzosen fühlten sich stark, wenn sie intuitiv arbeiten können, Deutsche fühlten sich dagegen wohler, wenn sie exakte Pläne ausführen können. Klingenfeld, der das Verhalten im Ausland bei seinen Trainings mit Simulationsspielen übt, findet es vor allem wichtig, nicht nur mit dem Verstand an die neue Situation heranzugehen, sondern das Gefühl zu akzeptieren, fremd zu sein.

Aus dieser Haltung heraus fällt es auch leichter, sich in Franzosen hineinzuversetzen, die zu Gast nach Deutschland kommen. Wenn man für sie ein Programm aufstellt, sollte man es nicht zu voll packen, sondern genügend Zeit zum Mittagessen und für Gespräche einplanen. Für ein gemeinsames Abendessen Vorschläge zu machen hält Barmeyer für sinnvoll. Allerdings sollte das als Angebot formuliert sein, damit die Gäste nicht das Gefühl hätten, in einer „Zwangsjacke" zu stecken. Wer selbst nach Frankreich reisen will, sollte bedenken, dass dort die Uhren nicht nur in dem Sinne anders gehen, dass Franzosen es mit der Pünktlichkeit oft nicht so genau nehmen, sondern dass Ferienzeit dort eine andere Bedeutung hat als in Deutschland. Vom französischen Nationalfeiertag, dem 14. Juli, bis Ende August sind nicht nur die Schulen geschlossen, sondern fast die komplette Nation macht Urlaub.

Frankreich

Last-Minute-Überblick

→ Der Umgangston ist formeller, gepflegte Konversation und Esprit kommen an.

→ Hierarchien und Status spielen eine wichtige Rolle.

→ Statt nach striktem Plan arbeitet man gern intuitiv.

→ Restaurantbesuche dienen der Beziehungspflege, dafür sollte man genügend Zeit einplanen.

Französische Botschaft
Botschaft der Republik Frankreich
Pariser Platz 5
10117 Berlin
Tel.: 0 30 / 5 90 03 90 00
www.botschaft-frankreich.de

Deutsche Botschaft in Frankreich
Ambassade d'Allemagne
Service consulaire
13/15 Avenue Franklin D. Roosevelt
F-75008 Paris
Tel.: 00 33 / 1 / 53 83 45 00
www.amb-allemagne.fr

Tourismus-Info in Deutschland
Maison de la France
Allemagne-Frankfurt
Zeppelinallee 37
60325 Frankfurt
Tel.: 0 90 01 / 57 00 25
E-Mail: info.de@franceguide.com

Tourismus-Info in Frankreich
Maison de la France
20, Avenue de l'Opéra
F-75041 Paris cedex 01 Cedex
Tel.: 00 33 / 1 / 42 96 70 00
www.franceguide.com

Spanien
Spontaneität wird groß geschrieben

Zahlen und Fakten	
Fläche:	505 990 km²
Staatsform:	Konstitutionelle Monarchie mit einem parlamentarisch-demokratischen Regierungssystem
Hauptstadt:	Madrid
Verwaltung:	17 Autonome Regionen *(Comunidades Autónomas)* mit insgesamt 52 Provinzen
Amtssprache:	Spanisch, regional verbreitet: Baskisch, Katalanisch und Galicisch (seit 1978 als Nationalsprachen anerkannt)
Bevölkerung:	43,2 Mio.
Religion:	94% katholisch
Währung:	Euro
Wirtschaft:	Tourismus, Kommunikation und Informatik, Metall verarbeitende Industrie (einschließlich Kraftfahrzeugsektor und Schiffbau), Maschinenbau, Landwirtschaft (einschließlich Ernährungswirtschaft und Fischerei), petrochemische Erzeugnisse
Klima:	Im Norden ozeanisch geprägt; der überwiegende Teil Spaniens subtropisch-mediterran

Das Land zwischen Mittelmeer und Atlantik ist nicht gerade exotisch fremdartig, aber trotzdem gibt es einiges, das im Business in Spanien einfach anders läuft als in Deutschland. So haben zum Beispiel Hierarchien in Spanien eine höhere Bedeutung als in Deutschland, davon ist Sabine Haefs überzeugt. Sie arbeitet als Kulturmanagerin für eine Kulturstiftung in Spanien und weiß: „Die Hierarchien sind nur nicht auf den ersten Blick erkennbar. Denn nach außen scheint es sogar zunächst, dass sie weniger Bedeutung haben als in Deutschland, weil sich fast alle im Geschäftsleben duzen – die Schriftsprache ist jedoch förmlicher als in Deutschland. Wenn es allerdings um Entscheidungen geht, merkt man, welche Rolle die Hierarchie spielt, denn Entscheidungen werden vorwiegend bei Geschäftsessen auf Chefebene getroffen – hinter verschlossenen Türen, mit wenig Transparenz und ohne Einbeziehung der Mitarbeiter." Der Grund dafür? Dr. Ana Maria Brenes, Leiterin eines Programms für Spanisch und interkulturelle Kommunikation, sieht einen historischen Hintergrund: Die Hierarchie hatte durch die starke Stellung der katholischen Kirche und die Franco-Diktatur früher viel Bedeutung. Durch den Demokratisierungsprozess seit den 80er Jahren ist der Ton im Business aber zunehmend lockerer geworden.

Kein Titelwahn

Titel werden in Spanien nicht überbewertet. Niemand würde Herr oder Frau Dr. X sagen. Mehr als Titel zählen hier persönliche Beziehungen und das In-Verbindung-Bleiben: „tener enchufe" ist wichtig („enchufe" heißt „der Stecker in der Steckdose"). Das bedeutet auch, dass Familienmitglieder und Freunde beim Einstieg in den Job weiterhelfen und ihn manchmal sehr direkt fördern. Als sehr auffällig in Spanien empfand Kulturmanagerin Haefs die Spezialisierung auf eine akademische Richtung, die dann im Arbeitsleben fortgeführt wird: Der Ökonom arbeitet natürlich in der Wirtschaftsabteilung, der Jurist ist mit juristischen Themen beschäftigt und der Historiker organisiert Ausstellungen. Das Phänomen „Quereinsteiger" findet man kaum.

Gespräche: ausgiebig und informell

Die Art und Weise, wie Gespräche zwischen Mitarbeitern und Chefs zustande kommen, ist sehr spontan und oft sehr informell („zwischen Tür und Angel"), weiß Haefs aus eigener Erfahrung. Vorausgeplante Gespräche, beispielsweise ein wöchentlicher Jour fixe zwischen Chef und Mitarbeitern, sind selten. Dafür redet man gerne ausgiebig und viel, auch wenn das Thema es nicht hergibt. Es ist üblich, das, was der andere gesagt hat, mit den gleichen oder ähnlichen Worten ein- oder mehrmals im Gespräch zu wiederholen – quasi als Bestätigung oder Zeichen der Verständigung. „Das frisst manchmal sehr viel Zeit", bedauert Wahlspanierin Haefs. Expertin Brenes weist auch darauf hin, dass man sich auf mehrere parallel laufende Gespräche einstellen sollte. Nicht nur dabei ist es hilfreich, wenn man Spanisch kann – denn Spanier sind oft nicht so gut in Sprachen ausgebildet und dankbar, wenn der andere ihre Sprache spricht. Perfektion wird dabei allerdings nicht erwartet. Bei

Spanien

Besuchen spanischer Geschäftspartner in Deutschland sollte man auf jeden Fall sicherstellen, dass jemand zur Betreuung dabei ist, der spanisch spricht.

Sofort ins Thema einzusteigen, kommt nicht gut an. Ein regelrechtes „warming-up" ist wichtig – mit Gesprächen übers Wetter, den letzten Urlaub, Politik oder was auch immer sich ergibt. So kann es manchmal eine halbe Stunde dauern, bis man zum eigentlichen Thema kommt. Diese Erfahrung machte Manuela Kerkhoff, die heute selbstständig in der Buchbranche arbeitet und früher als International Sales Managerin für einen deutschen Ratgeberverlag beruflich oft nach Spanien reiste, um Bücher an dortige Verlage zu verkaufen. Ihrer Meinung nach führt der ausführliche Small Talk dazu, sich schneller persönlich zu unterhalten und sich etwa auch über die eigene Lebenssituation auszutauschen. Expertin Brenes warnt bei solchen Gesprächen davor, Themen wie etwa den Nationalismus zu berühren. Über die Probleme des Baskenlandes oder über Katalonien, das ebenfalls eine eigene Sprache besitzt, sollten ausländische Gäste lieber schweigen. Vorsicht ist auch angeraten bei Themen wie dem ehemaligen Franco-Regime, der Separatisten-Organisation ETA oder islamischem Terror. Tabu ist ebenfalls Kritik an katholischen Traditionen.

Klischee Quadratschädel

Haefs hat festgestellt, dass die Deutschen in Spanien im Allgemeinen sehr gut angesehen sind. Geschätzt werden deutsche Professionalität, Disziplin und Effizienz. Auch Qualität in der Arbeit ist ein Attribut, das Deutschen zugeschrieben wird: „Die Deutschen gelten als Volk der Ingenieure, Physiker und Philosophen – davon kann man ruhig ein bisschen erzählen", empfiehlt Brenes. Auf der anderen Seite gelten die Deutschen als „cabezas cuadradas", als ein wenig unflexible Quadratschädel, was das Denken und Handeln angeht. Spanier seien dagegen sehr spontan und hätten eine Aversion gegen Vorausplanung. Oder wie Brenes es formuliert: „Für Deutsche gibt es oft nur einen Weg, Spanier dagegen improvisieren gern, für sie gibt es meist mehrere Wege."

Freundlichkeit und Hilfsbereitschaft sind für Spanier wichtige Werte. Über diese Freundlichkeit war Richard Ziegler, Bereichsvorstand Infrastruktur bei einem Unternehmen der produzierenden Industrie, geradezu verblüfft. Für den international tätigen Baustoff- und Infrastrukturtechnik-Konzern arbeitete er bei zwei Tochterunternehmen insgesamt vier Jahre in Spanien: „Die menschliche Offenheit, das sehr schnelle Warmwerden, das war sehr angenehm. Ich war positiv überrascht und fühlte mich schnell aufgenommen." Der Manager war beim spanischen Tochterunternehmen tätig, das Betonschwellen für Zugschienen produzierte. Der Umgang mit der Technik war nach Ansicht Zieglers bei den Spaniern eher lax und zu einer seiner Aufgaben gehörte, die Spanier in einem sorgfältigeren und schonenderen Umgang mit den Maschinen zu schulen. Auch was Ordnung und Sauberkeit in der Firma betraf, herrschten andere Zustände als in Deutschland. Um das deutsche Mutterunternehmen zufrieden zu stellen und die entsprechende Qualität der Produkte zu garantieren, musste Ziegler andere Standards einführen. Sein Rezept dabei: „Nicht mit der Tür ins Haus fallen, keineswegs mit Druck als deutscher Sturkopf auftreten, nicht auf dem Chef-Status beharren, sondern neue Standards gemeinsam mit den Partnern vor Ort erarbeiten und mit Charme überzeugen."

Pünktlichkeit ist keine Zier

Der Umgang mit der Zeit ist einfach anders: „Spanier sind chronisch unpünktlich. Wenn in fünf Minuten das Meeting beginnt, geht man wie selbstverständlich noch einen Kaffee trinken. Die am meisten verbreitete Entschuldigung für Zu-spät-Kommen ist der Verkehrsstau", weiß Haefs. Deutsche brauchen vor allem Geduld, denn alles geht etwas langsamer. Auch zu Deadlines haben Spanier oft ein anderes Verhältnis als Deutsche. „Da muss man aufpassen, dass sich die Spanier nicht gedrängt fühlen, wenn man nachfragt", so Sales Managerin Kerkhoff. Ihre Strategie: vorsichtig und mit Charme nachhaken. Experten für Business-Verhalten in Spanien raten auch, sich darauf einzustellen, dass Spanier keine Vorwarnung geben, wenn sie Termine nicht einhalten, sondern bis zum Letzten versuchen, es doch noch zu schaffen. Bevor die eigene Firma deshalb etwa in Lieferschwierigkeiten kommt, ist es wichtig, den

Spaniern deutlich zu machen, in welche Schwierigkeiten man durch Terminverzögerungen kommt und darüber zu sprechen, ob man eventuell helfen kann, das Problem zu beheben. Es sei ihm schon manchmal schwer gefallen, die Zeit für lange Unterhaltungen zur Verfügung zu stellen, gibt Ziegler zu, vor allem, wenn das Gespräch wieder und wieder eine große Schleife machte. Und die deutsche Mutterfirma schon längst auf die Einhaltung von Terminen drängte. Aber nur so kommt man in Spanien gut voran.

Der andere Umgang mit der Zeit kommt einem auch manchmal selbst zugute. So bekam Ziegler nur unter größten Schwierigkeiten nach wochenlangem Warten endlich einen Termin bei einem hochrangigen spanischen Bahn-Verantwortlichen – für eine halbe Stunde. Das Gespräch dauerte dann aber doch fast drei Stunden. Währenddessen hatte sich vor der Tür bereits eine Traube von Menschen für die nächsten Termine versammelt. Eine ähnliche Erfahrung machte auch Verlagsfrau Kerkhoff, als ein Gesprächspartner spontan mit ihr eine Stadtbesichtigung machte, um ihr zu zeigen, wie die Bücher ihres Verlages in den unterschiedlichen Buchhandlungen präsentiert wurden. Für Kerkhoff eine wichtige Information – zum Glück hatte sie noch genug Zeit. Deshalb ihr Tipp: die Termine nie zu eng legen, um auf solch unvorhergesehene Situationen noch reagieren zu können. Und es lohne sich auch, ruhig mal spontan anzurufen, wenn man im Lande ist und keinen Termin vereinbart hat: „Die Spanier versuchen dann, alles möglich zu machen, damit es doch noch mit einem Treffen klappt."

Frauen und „piropos"

Die „Machokultur" ist in Spanien manchmal spürbar, doch insgesamt ist es ähnlich wie in Deutschland. Es gibt immer mehr Frauen im Beruf – auch in Führungspositionen, aber immer noch viel weniger als Männer. Das Verhalten der Männer allgemein kann sehr traditionell sein mit Tür-Aufhalten, In-den-Mantel-Helfen und anderen Höflichkeitsgesten, aber gleichzeitig werden Frauen als gleichberechtigte Gesprächspartnerinnen akzeptiert. Trotzdem ist für Frauen gutes Aussehen wichtig: schicke Kleidung, gepflegte Schuhe, eine gute Frisur. Vor allem auf „piropos", kleine Komplimente, sollte man sich einstellen, rät Brenes. Das sei auch im Business üblich, man solle diese Komplimente aber keinesfalls überbewerten – nur, wenn es in Anmache ausarte, deutliche Grenzen setzen. Immerhin gab es bis in die 90er Jahre kein Gesetz zum Thema „Sexuelle Belästigung".

Wer in Spanien arbeiten und leben will, sollte wissen, dass gesellschaftlich einiges anders ist als in Deutschland. Junge Leute wachsen etwa sehr viel weniger autonom auf und wohnen oft bis zur Heirat zu Hause, und die klassische geschlechtsspezifische Rollenverteilung ist noch weniger im Umbruch als in Deutschland. Der Hang zum „Leben auf der Straße" ist groß: In und vor Bars und Restaurants finden sich stets Menschentrauben, die mit Vorliebe kleine Tapas-Snacks im Stehen genießen. Und: Es wird viel und laut geredet, oft nur um des Redens willen. Für die Spanier, so Brenes, sei es schwer zu verstehen, dass Deutsche so viel Ruhe bräuchten und „in Ruhe arbeiten" wollten. Das sei eben der Unterschied: das Bedürfnis nach Sozialkontakt auf der einen und das nach Individualismus auf der anderen Seite. Die unterschiedliche Haltung zu Lärm kann zu Missverständnissen führen, wenn spanische Geschäftspartner für Deutsche eine Unterkunft suchen, gibt Brenes zu bedenken. Die Spanier präsentieren stolz eine Wohnung, die zentral mitten im Getümmel liegt. Doch die Deutschen können die Begeisterung nicht teilen: Für sie ist das meist einfach viel zu laut.

Spanien

Last-Minute-Überblick

→ Hierarchien haben vor allem bei Entscheidungen eine große Bedeutung, Titel sind dagegen zweitrangig.

→ Im Geschäftsleben duzt man sich, Gespräche mit dem Chef laufen locker ab, die Schriftsprache ist jedoch sehr förmlich.

→ Persönliche Beziehungen werden gepflegt, Freundlichkeit und Hilfsbereitschaft sind selbstverständlich.

→ Nicht sofort zum Thema kommen, Small Talk vorab gehört dazu.

→ Mit der Zeit nimmt man es nicht so genau, bei Termindruck mit Bedacht und Charme nachhaken.

→ Achtung andere Essenszeiten: Abendessen oft erst ab 22 Uhr.

Spanische Botschaft
Botschaft von Spanien
Lichtensteinallee 1
10787 Berlin
Tel.: 0 30 / 2 54 00 70
www.spanischebotschaft.de

Deutsche Botschaft in Spanien
Botschaft der Bundesrepublik Deutschland
Calle de Fortuny, 8
E-28010 Madrid
Tel.: 00 34 / 91 / 5 57 90 00
www.madrid.diplo.de

Tourismus-Info in Deutschland
Spanisches Fremdenverkehrsamt
Myliusstraße 14
60323 Frankfurt
Tel.: 0 69 / 72 50 38
www.spain.info

Tourismus-Info in Spanien
Dirección General de Turespaña
José Lázaro Galdiano 6
E-28071 Madrid
Tel.: 00 34 / 91 / 3 43 35 00
www.tourspain.es

Italien
Mehr als „Dolce Vita" – auch die Form zählt

Zahlen und Fakten	
Fläche:	301 277 km²
Staatsform:	Parlamentarisch-demokratische Republik
Hauptstadt:	Rom
Verwaltung:	20 Regionen, insges. unterteilt in 108 Provinzen
Amtssprache:	Italienisch; regionale Amtssprachen: Deutsch in Südtirol, Französisch im Aostatal und Slowenisch im Friaul/Venetien
Bevölkerung:	58,5 Mio.
Religion:	80% katholisch; außerdem Moslems, Buddhisten, Protestanten und Juden
Währung:	Euro
Wirtschaft:	Tourismus, Bauwesen, Automobil-, Maschinenbau- und Möbelindustrie, Produktion von Nahrungsmitteln, Textil- und Bekleidungsbranche
Klima:	Im Norden gemäßigt, im Süden mediterran

„Ah, bella Italia!" – Wer gerät beim Gedanken an das mediterrane Ferienparadies südlich des Brenners nicht ins Schwärmen? Doch wer beruflich in Italien zu tun hat, sollte sich auf keinen Fall davon hinreißen lassen, Job und Freizeit zu verwechseln und in lässigen Urlaubsklamotten aufzutreten. Ein größeres Fettnäpfchen kann sich Christian Seiche nicht vorstellen. Er ist selbstständig mit einem Leuchtenvertrieb und hat beruflich viel mit Italienern zu tun. „Polohemd und Jeans sind bei einer Besprechung absolut unschicklich, Business-Look ein Muss." Seiche hat die Erfahrung gemacht, dass Hierarchien in Italien eine größere Rolle spielen und man sich über die Kleidung definiert und auch unterscheidet: „Sonst droht Respektverlust." Die Italienerin Paola Bergamaschi, Leiterin der Münchner Sprachenschule Studio Italiano, die auch interkulturelle Trainings und Seminare anbietet, bestätigt: „Italiener kleiden sich klassisch-elegant und mit mehr Fantasie als die Deutschen. Frauen in Röcken und Kleidern kommen gut an."

Akzeptanz für schicke Frauen

Auch Rita Weigl, heute im Telemarketing tätig, hatte bei früheren beruflichen Aufenthalten in Italien die Erfahrung gemacht, dass schick angezogen zu sein dem eigenen Image keinesfalls abträglich ist: „Man wird dann mehr wahrgenommen." Italiener achten genauer auf Äußerlichkeiten wie Kleidung und Frisur und machen dann auch gerne Komplimente, weiß Paula Bergamaschi. Das als plumpe Anmache zu verstehen, wäre allerdings meist eine Überreaktion, es geht um das Spiel „Mann trifft Frau". Rita Weigl hat ebenfalls erlebt, dass Frauen in Italien besser ankommen, wenn sie nicht zu sehr ihre Kompetenz ausspielen, sondern eher auf Charme setzen: „Die italienischen Männer haben sonst Angst, ihr Gesicht zu verlieren." Wem das wie ein Rückfall in die längst überwunden geglaubte emanzipatorische Steinzeit erscheint, sollte bedenken, dass sich Frauen bei diesem meist nicht ernst gemeinten Spiel, anders als oft in Deutschland, keinen Verlust an Respekt einhandeln – eher im Gegenteil. Und dass man eben bei Geschäftsbesuchen in einem fremden Land die eigenen Wertmaßstäbe relativieren muss.

Kommunikation auf anderer Ebene

Ute Clement trainiert als Expertin für „Interkulturelles Management" international zusammengesetzte Teams, die in verschiedenen europäischen Ländern arbeiten. Sie ist der Meinung, dass der Knackpunkt bei der Zusammenarbeit vor allem darin liegt, dass Italiener beziehungsorientierter sind als Deutsche. Deshalb sollten Deutsche, egal ob Frau oder Mann, ihre knappe Art nicht zu sehr ausleben. Sie empfiehlt, sich Zeit für eine ordentliche, ausführliche Begrüßung und auf jeden Fall auch für einen fünfminütigen Small Talk zu nehmen, bevor man zum geschäftlichen Teil übergeht. Dabei sollten Deutsche in Italien nicht alles sofort zu pünktlich, zu genau festlegen, sondern auch Dinge offenlassen und darauf achten, ob die Italiener schon so weit sind. Bergamaschi weiß von Geschäften, die deshalb platzten, weil die Deutschen zu ungeduldig waren, zu autoritär auftraten und zu sehr auf der sachlichen „Zahlen-Ebene" argumentierten. Manchmal hilft dann in der Kommunikation nur ein Wechsel der Ebenen.

Rita Weigl erinnert sich an einen Fall in ihrem früheren Job als Anzeigenleiterin eines Sprachmagazin-Verlags. Eine italienische Sprachschule hatte trotz wiederholter Mahnungen des deutschen Verlags ihre Anzeigen-Rechnung nicht bezahlt. Erst als Rita Weigl einen netten Brief auf Italienisch schrieb, in dem sie nachfragte, was die Probleme seien und nicht zu erwähnen vergaß, dass ihre Hochzeitsreise sie auch in diesen schönen süditalienischen Ort geführt habe, den sie „grüßen" ließ, änderte sich die Lage. Eine Antwort auf ihren Brief erhielt sie zwar nie, aber binnen zehn Tagen ging das ausstehende Geld ein. Seitdem bezahlt die Schule umgehend.

Kreisverkehr und hohe Geschwindigkeit bei Gesprächen

Doch auch bei der mündlichen Kommunikation treten oft deutliche Unterschiede zwischen Deutschen, die meist schnell auf den Punkt kommen, und Italienern zutage. Über ihre Landsleute sagt Paola Bergamaschi: „Italiener reden gern im Kreis, das braucht viele Wörter und viel Zeit. Gerade in Gruppen wird mit hoher Geschwindigkeit durcheinander geredet, wobei sich die Themen der Unterhaltung oft auflösen." In solchen Fällen rät sie, freundlich, aber bestimmt wieder aufs Thema zurückzuführen – am besten scherzend und ein bisschen ironisch. Jeden Anschein von autoritärem Gehabe sollte man dabei vermeiden, denn „das würde nur das schlechte Bild der Italiener von den Deutschen als autoritäre Besserwisser bestätigen". Derselben Meinung ist auch Christian Seiche. Er empfindet die deutsche Art, alles bis ins kleinste Detail vorzubereiten und dann Punkt für Punkt abzuarbeiten, in Italien als problematisch: „Die Italiener lieben es, zu fabulieren und reden einen schwindlig." Seiche, der gut Italienisch spricht, versucht dann, wenn die Italiener seiner Meinung nach zu sehr abschweifen, sie „sanft" aufs Thema zurückzubringen. Oder er bemüht sich, sie zum Beispiel damit zu vertrösten, dass man über den zu kurz gekommenen, anderen Aspekt dann ja noch beim Essen reden könne.

Achtung: Beim Kaffee ist Schluss

Beim Essen nehmen sich Italiener in der Regel viel Zeit fürs Reden über alles Mögliche, die Themen sind dabei sowohl privater als auch geschäftlicher Natur. Unter Umständen wird dem Kellner sogar Bescheid gesagt, dass er mit dem nächsten Gang noch warten solle. Und auch wenn Italien eines der Länder ist, in denen am meisten Wein produziert wird, wird Wein nur während des Essens und in Maßen getrunken. Zurückhaltung ist angebracht: Beschwipst oder gar betrunken zu sein gilt als stillos. Was einem beruflich auf dem Herzen liegt, sollte man auch während des Essens anbringen, denn mit dem Kaffee, der schnell getrunken wird, ist der Business-Lunch beendet und weitere Gespräche nicht vorgesehen. Wie in Deutschland noch beim oder nach dem Kaffee länger sitzen zu bleiben, ist nicht üblich, wie Seiche einmal deutlich feststellen musste. Er lehnte sich zurück, um sich noch weiter zu unterhalten, doch seine italienischen Gesprächspartner standen schon zum Aufbruch bereit. Und als Kaffee sollte man auch wirklich einen „Caffè", also einen Espresso, und keinen Cappuccino bestellen. Der wird in Italien nämlich nur bis zum späten Vormittag getrunken. Wer partout nicht auf seinen Milchkaffee verzichten will, sollte sich zumindest bereits ein paar Basis-Brocken Italienisch angeeignet haben, um selbst einen kleinen Scherz darüber machen zu können.

Sich um die italienische Sprache zu bemühen, ist auf jeden Fall lohnend. Es bringt bei Italienern viel Sympathie ein und Erfolgserlebnisse sind selbst bei den kleinsten Anfängen garantiert. Der Grund: Die meisten Italiener bemühen sich sehr um Verständnis. So rühmt Richard Gesteland in seinem Buch „Global Business Behaviour" die rasche Auffassungsgabe der Italiener: Sie „erkennen, was Sie sagen wollen, lange bevor Sie ausgeredet haben. Noch während Sie reden, kommt schon die Antwort."

Italien

Last-Minute-Überblick

→ Business-Look ist ein Muss.

→ Man sollte nicht zu sachlich, pedantisch und autoritär auftreten, Spielraum lassen und Geduld zeigen, wenn nicht alles sofort nach Plan läuft.

→ Zeit für eine ausführliche Begrüßung und persönlichen Small Talk nehmen. Mit langen Mittagessen rechnen.

→ Beim Alkohol-Konsum während des Essens gilt Mäßigung; nach dem Espresso ist der Restaurantbesuch beendet.

Italienische Botschaft
Hiroshimastraße 1
10785 Berlin
Tel.: 0 30 / 25 44 00
www.ambberlino.esteri.it

Deutsche Botschaft in Italien
Botschaft der Bundesrepublik Deutschland
Ambasciata della Repubblica Federale di Germania
Via San Martino della Battaglia, 4
I-00185 Roma
Tel.: 00 39 / 06 / 49 21 31
www.rom.diplo.de

Tourismus-Info
Staatliches italienisches Fremdenverkehrsamt
Kaiserstraße 65
60329 Frankfurt
Tel.: 0 69 / 25 91 26 23 74-30 oder -34
www.enit.it

Tourismus-Info in Italien
Ente Nazionale Italiano per il Turismo
Via Marghera 2/6
00185 Roma
Tel.: 00 39 / 06 / 4 97 11
www.enit.it

Niederlande
Immer schön bescheiden – „Normal ist schon verrückt genug"

Zahlen und Fakten

Fläche:	41 528 km²
Staatsform:	Konstitutionelle Monarchie in einer parlamentarischen Demokratie
Hauptstadt:	Amsterdam
Verwaltung:	Gliederung in zwölf Provinzen
Amtssprache:	Niederländisch, Friesisch als Minderheitensprache
Bevölkerung:	16 Mio.
Religion:	30% katholisch, 20% protestantisch, 6% muslimisch, 42% konfessionslos, 2% andere
Währung:	Euro
Wirtschaft:	Transport (Logistik), Finanzdienstleistungen, Agrar- und Ernährungswirtschaft
Klima:	Gemäßigtes Seeklima mit relativ geringen Temperaturunterschieden

Mit dem Titel „doctorandus", der dem akademischen Grad einer Diplom-Kauffrau entspricht, darf sich Manuela Lauch schmücken, ein offizielles Schriftstück des niederländischen Bildungs- und Wissenschaftsministers bescheinigt es ihr. Doch die Deutsche, die in Holland mit ihrer Firma „Alinea Business" niederländische Unternehmen berät, die auf dem deutschen Markt agieren wollen und umgekehrt, denkt heute, dass sie es sich hätte sparen können, die Anerkennung zu beantragen. „Sowohl mein deutscher als auch mein niederländischer Titel stehen auf meiner Visitenkarte – das ist vor allem eine prima Gesprächseröffnung, denn in den Niederlanden kann niemand etwas mit einer ‚Dipl.-Kff.' anfangen und in Deutschland wundert man sich über das ‚drs.'." Ansonsten interessiert sich kaum jemand für ihren Titel und sie verwendet ihn hauptsächlich auf Zahlungserinnerungen. Der relativ gleichgültige Umgang mit Titeln symbolisiert den Wert „Bescheidenheit", der in den calvinistisch geprägten Niederlanden immer noch zu spüren ist. So würde übermäßiger Titelgebrauch eher den Eindruck erwecken, man könne wenig oder nichts und habe den Titel nötig, um sich dahinter zu verstecken, warnt Business-Expertin Lauch.

„Verhalte dich normal, das ist schon verrückt genug", lautet eine holländische Redensart. In diesem Sinne rät Lauch auch von allzu gestelzter Sprache im Sinne von „Beamtendeutsch" in Briefen oder E-Mails ab: „Das wirkt für Holländer eher lächerlich. Auch hier ist Einfachheit, unter der die Deutlichkeit nicht leidet, Trumpf." Daher gilt in den Niederlanden auch, dass man nicht zeigt, was man hat. Zwar leistet man sich auch Statussymbole, wie Autos und Designerkleidung, stellt sie aber nicht zur Schau. Den deutschen Nachbarn sehen viele Holländer anders, für ihn hat sich das Stereotyp vom „dicken Deutschen, der mit lauter Stimme rufend im protzigen Mercedes durch die Gegend fährt" entwickelt. Understatement gilt auch bei der Business-Kleidung, die in den Niederlanden im Allgemeinen viel legerer ist als in Deutschland. Bei hohen Temperaturen sind beispielsweise Geschäftsfrauen ohne Feinstrumpfhosen durchaus häufig anzutreffen, weiß Lauch. Und: „Der dreiteilige graue Anzug kommt, wenn überhaupt vorhanden, in den meisten Branchen nur selten aus dem Schrank."

Zauberwörter Kompromiss und Konsens

Auch Hierarchien haben nach Ansicht von Manuela Lauch eine wesentlich geringere Bedeutung als in Deutschland, was sich schon daran zeigt, dass sich intern meist alle duzen, vom Auszubildenden bis zum Geschäftsführer. Auf dem Dienstweg kann schon mal eine Stufe übersprungen werden, weil jemand nicht mitarbeiten will, krank oder im Urlaub ist. So braucht man vor allem bei kleineren, spontanen Initiativen nicht auf die in Deutschland üblichen „Unterzeichnungsberechtigten" zu warten. Angebote mit drei Unterschriften wird man in den Niederlanden im täglichen Geschäftsverkehr ebenfalls kaum finden, so Lauch. Den Vorteil der durchlässigeren Hierarchie und der lockeren Umgangsformen sieht sie in der engeren Bindung an die eigene Firma und dem daraus resultierenden größeren Engagement fürs Unternehmen.

Ihren Ursprung findet die schwächere Ausprägung der Hierarchie wahrscheinlich im Kampf der Niederländer gegen das Wasser.

Niederlande

Allein konnte man früher nichts dagegen ausrichten. In den niederländischen Wasserbehörden, den regionalen „waterschappen", war Zusammenarbeit schon immer ein absolutes Muss. „Versammlungskultur, Zusammenarbeit und Konsensstreben sind die (manchmal lähmenden) Zauberworte in der niederländischen Gesellschaft", sagt Manuela Lauch. Die stete Suche nach dem Kompromiss unabhängig von hierarchischen Ebenen spiegelt sich nach Meinung von Lauch auch darin wider, dass gute Ideen von Team-Mitgliedern ebenso gleichberechtigte Chancen zur Umsetzung haben wie diejenigen der Chefs. Auch Gespräche zwischen Vorgesetzten und Mitarbeitern hält Lauch in den Niederlanden im Allgemeinen für lockerer als in Deutschland. Man unterhält sich mehr auf privater Ebene und weiß in der Regel voneinander, wie die Familienverhältnisse aussehen, wer welche Hobbys betreibt oder was es für aktuelle Probleme gibt – wie etwa eine pflegebedürftige Schwiegermutter, ein Kind ohne Praktikumsplatz oder die Einzelheiten einer umfangreichen Renovierung der Privatwohnung.

Auch private Gründe sind o.k.

Trifft man auf neue Gesichter, ist es üblich zu fragen „Darf ich mich Ihnen kurz vorstellen?" und dann Vor- und Familiennamen sowie den Namen des Unternehmens zu nennen. Stellt sich jemand mit Vor- und Familiennamen vor, ist es gebräuchlich, den Gesprächspartner zu duzen. Bei offiziell organisierten Netzwerk-Terminen kann man sich ruhig erkundigen „Und was machen Sie so?" oder „Und was machst du?" Auch was das Thema „Pünktlichkeit" angeht, geht es meist nicht so strikt zu wie in Deutschland. Es ist relativ normal, wenn auch nicht unbedingt gern gesehen, aus dem Stau beim nächsten Gesprächspartner anzurufen, dass es etwas später wird. Termine werden oft mit einer kleinen Marge vereinbart wie etwa „Ich komme so um zehn, viertel nach zehn – je nachdem, wie es mit dem Verkehr läuft". Auch eine Verlängerung der Deadlines wird eher akzeptiert als in Deutschland: „Auch dann, wenn es private Gründe für die Verzögerung gibt", weiß Lauch. Je nachdem, wie gut man seinen Geschäftspartner kennt, geht man auch schon mal detailliert auf diese privaten Gründe ein, was in Deutschland eher ungebräuchlich ist.

Mündliche Absprachen

Die Lockerheit im persönlichen Umgang spiegelt sich auch auf schriftlicher Ebene wider. Das Bedürfnis danach, alles in Verträgen zu fixieren, ist meist weitaus weniger ausgeprägt als in Deutschland. „Wenn ich nach deutschem Brauch einem neuen Kunden eine Auftragsbestätigung schicke, reagiert er meist lachend mit den Worten: ‚Aber das war doch gar nicht nötig. Wir haben doch abgesprochen, was du für uns tust'", ist Lauchs Erfahrung. Da es ab und zu doch einmal zu Missverständnissen kommt, empfiehlt die Business-Expertin, selbst die Initiative zu ergreifen und kurz und informell die Hauptpunkte eines Gespräches schriftlich festzuhalten und dem niederländischen Gesprächspartner (eventuell per E-Mail) zu schicken. Läuft trotzdem mal etwas schief, greifen die Holländer eher zum Telefon, um gemeinsam eine Lösung zu finden, als eine juristische Korrespondenz zu starten.

Tabu: Anspielungen auf Wassertomaten

Weniger formell und flexibler agieren – diese Tendenz zeigt sich auch bei Verhandlungen. „Die Niederländer sind traditionell ein Volk von Händlern, auch heute noch liegt eine große Stärke in der Distribution. Da muss man schon gut verhandeln können, will man auch noch etwas verdienen. Dabei wird im Allgemeinen eine größere Flexibilität voneinander erwartet als in Deutschland. Und die kann im Ernstfall auch schon mal den Gewinn schlucken. Verhält man sich allerdings starr, wird es schwerer, den nächsten Auftrag zu erhalten." Auch Kommunikationsberater Christoph Jon Berndt kennt von niederländischen Geschäftspartnern die Tendenz, nachzuverhandeln – vor allem auch, was die vereinbarten Termine angeht. Als wichtig für einen guten Draht zu den holländischen Partnern sieht Berndt es an, die Niederländer als vollwertige Nachbarn zu behandeln und sie nicht als „kleinen Partner" oder „kleine Nation" zu bezeichnen. Ganz zu schweigen davon, dass Begriffe wie „Zwergstaat" ähnlich tabu sind wie Anspielungen auf „Wassertomaten", „Gifttulpen", oder die Niederlande als „Agrarstaat". Holland ist nur eine Provinz der Niederlande und sollte deshalb niederländischen Gesprächspartnern gegenüber nicht als Synonym verwendet werden. Große

Niederlande

Zurückhaltung ist bei Diskussionen über den Zweiten Weltkrieg geboten, der in den Niederlanden immer noch sehr präsent ist und Deutsche zum Teil auch immer noch ablehnende Reaktionen erfahren lässt. „Ich würde niemandem empfehlen, von sich aus eine Diskussion über den Zweiten Weltkrieg vom Zaun zu brechen", rät Lauch. „Auf eine ehrlich interessierte Frage sollte man jedoch auch ehrlich und trotzdem vorsichtig eingehen."

Bewirtung für Besucher

Und was ist zu beachten, wenn niederländische Geschäftspartner zu Besuch nach Deutschland kommen? Beinahe sprichwörtlich ist die Bemerkung eines Holländers über einen Geschäftsbesuch in Deutschland: „Das war nix. Da habe ich zwei Stunden im Auto gesessen und die haben mir nicht mal einen Kaffee angeboten." In den Niederlanden bekommt man etwa im Möbelgeschäft, wenn man Interesse an einem Sofa zeigt, oder im Brillenladen, wenn man auf einen Verkäufer warten muss, Kaffee offeriert. Also rät Lauch, immer erst einmal eine Tasse Kaffee oder Tee anzubieten, am besten mit Keksen dazu – vor allem, wenn der Geschäftspartner bereits einige Zeit im Auto zubringen musste.

Last-Minute-Überblick

→ Der Umgang mit Vorgesetzten und Kollegen ist weniger formell, ebenso der Stil in Briefen und E-Mails.

→ Der Business-Look ist leger.

→ Bescheidenheit heißt die Devise, also nicht mit Titeln protzen.

→ Besser keine kritischen Anspielungen auf den Agrarstaat machen.

→ Holland ist nur eine Provinz der Niederlande, daher nicht als Synonym verwenden.

Niederländische Botschaft
Botschaft des Königreichs der Niederlande
Klosterstraße 50
10179 Berlin
Tel.: 0 30 / 20 95 60
www.niederlandeweb.de

Deutsche Botschaft in den Niederlanden
Ambassade van de Bondsrepubliek Duitsland
Groot Hertoginnelaan 18-20
NL-2517 EG Den Haag
Tel.: 00 31 / 70 / 3 42 06 00
www.duitse-ambassade.nl

Tourismus-Info
Niederländisches Büro für Tourismus und Convention (NBTC)
Repräsentanz von „Nederlands Bureau
voor Toerisme & Congressen"
Postfach 27 05 80
50511 Köln
Tel.: 0 18 05 / 34 33 22
www.holland.com

Großbritannien
Bitte immer höflich

Zahlen und Fakten	
Fläche:	243 000 km²
Staatsform:	Parlamentarische Monarchie
Hauptstadt:	London
Verwaltung:	England: 35 Grafschaften, 40 „Unitary Authories", 6 „Metropolitan Counties" und London; Schottland: 32 „Unitary Authories"; Wales: 22 „Unitary Authories"; Nordirland: 26 Bezirke
Amtssprache:	Englisch, daneben Walisisch, Gälisch, Cornish
Bevölkerung:	59,6 Mio.
Religion:	58% Anglikaner (Church of England), 25% Protestanten, 9% Katholiken
Währung:	Pfund Sterling zu 100 New Pences
Wirtschaft:	Telekommunikation, Informationstechnik, Biotechnologie, Pharma- und Chemieindustrie, Fahrzeugbau, Elektrotechnik
Klima:	Ganzjährig mildes Klima mit häufigen Niederschlägen im ganzen Land

In Großbritannien beruflich gut zurechtzukommen, dürfte doch mit passablen Englischkenntnissen nicht so schwer sein. Das dachte sich Coco Pelger, Leiterin der Bildredaktion einer Zeitschrift, als sie sich vor ein paar Jahren entschied, als Redaktions-Assistentin ins Londoner Korrespondentenbüro eines großen deutschen Verlagshauses zu wechseln. Doch dann war nicht nur die Arbeit für verschiedenste Medien eine Herausforderung für sie, sondern auch die kulturellen Unterschiede. „Die Briten sind viel kommunikativer, haben mehr Wortwitz und mehr Leichtigkeit im Umgang miteinander", stellte Pelger fest. Das fand sie sehr angenehm. Doch die Kehrseite war: Manche hierzulande üblichen Umgangsformen fanden auf der Insel gar keinen Gefallen. „Wir sind es ja gewöhnt, sehr direkt zu sagen, was wir brauchen und bis wann es fertig sein muss. Doch mit dieser Art Klartext kommt man in London gar nicht gut an. Da läuft man schnell gegen eine Mauer und das musste ich erstmal verstehen." Erst nach einem Dreivierteljahr kam für Coco Pelger der Durchbruch: „Ich habe einfach losgelassen, aufgehört, so krampfig um alles zu kämpfen. Dann lief es wie von selbst." Die britischen Höflichkeitsformen, mit denen man seinem Gegenüber das Gefühl vermittelt, dass er wichtig ist und gebraucht wird, sind ihr mittlerweile in Fleisch und Blut übergegangen. So sehr, dass sie bei ihrer Rückkehr nach Deutschland erneut umdenken und sich sagen musste: Die Menschen hier sind zwar etwas schroffer, aber sie meinen es nicht böse. Und sie beschloss, sich die Leichtigkeit und Freundlichkeit im Umgang unbedingt zu erhalten.

Beim Business Talk: bloß nicht unterbrechen

Ähnliche Beispiele wie das von Coco Pelger kennt Stefan Schmid zuhauf. Der Psychologe beschäftigt sich als Dozent an der Universität Regensburg mit dem Schwerpunkt Interkulturelle Psychologie und ist außerdem Mitarbeiter des Instituts für Kooperationsmanagement an der Universität Regensburg – einer Beratungs- und Forschungseinrichtung. Das Klischee der Deutschen als Besserwisser sei in England sehr weit verbreitet und rufe Erinnerungen der Briten an den Zweiten Weltkrieg wach, warnt Schmid. Er weist zugleich darauf hin, dass das Klischee einen realen Ursprung im unterschiedlichen Diskussionsstil hat: „Deutsche lernen in der Schule, dialektisch und kontrastiv zu diskutieren. Der Vortragende stellt eine These auf, dann meldet sich jemand zu Wort und gibt die Antithese zum Besten (,ja, da haben Sie recht, aber...'). In England steht zunächst die Wertschätzung der Äußerung des Vorredners im Vordergrund und die eigene, abweichende Meinung wird dann angefügt (,maybe you should consider...'). Seine Gesprächspartner zu unterbrechen, gilt als sehr unhöflich. Wenn nun Deutsche die Briten gleich mit der Antithese konfrontieren, ohne vorher ihre Wertschätzung geäußert zu haben, entsteht bei den Briten der Eindruck: ,Der findet daran gar nichts gut und meint, nur seine Ansicht ist richtig.' So wird dieses Klischee oder Stereotyp durch tatsächliche Kulturunterschiede aufrechterhalten." Die Tatsache, dass dabei Deutsche oft recht deutlich Kritik üben, lässt sie in den Augen der Briten dann streng und humorlos erscheinen.

Schlampig oder pedantisch?

Was den Umgang mit Hierarchien angeht, so verstehen sich Briten in Führungspositionen eher als reine Manager, so Schmid. Sie achten darauf, dass alles läuft und sehen die Beschäftigung mit den sachlichen und fachlichen Details als Sache der Mitarbeiter an. Dagegen steigen deutsche Chefs schon auch mal mit ins Alltagsgeschäft ein, wenn es eng wird. So sind Briten oftmals überrascht, wie wenig Respekt Deutsche ihren Vorgesetzten gegenüber an den Tag legen, wenn sie davon überzeugt sind, sachlich richtig zu liegen. Und es dann oft geradezu als ihre Aufgabe und Pflicht ansehen, dem Vorgesetzten zu widersprechen, wenn der Unrecht hat. Hilfreich ist, wie die Briten erst einmal ordentlich zu loben, um dann – vielleicht mit einem Witzchen – vorsichtig die Kritikpunkte anzubringen. Schmid rät, sich dabei am Sprachgebrauch der englischen Kollegen zu orientieren. Denn Deutsche beherrschen oft sehr gut das englische Vokabular und die Grammatik, übertragen aber den direkten deutschen Kommunikationsstil ins Englische. Engländer benutzen allerdings viel mehr Konjunktive. Imperative sind dagegen kaum zu hören, sodass sich Deutsche in englischen Ohren leicht sehr zackig militärisch anhören. „Auch authentische ‚Ich-Botschaften' oder offene, sehr deutliche Gefühlsäußerungen extremer Art wirken aus britischer Sicht eher plump", warnt Großbritannien-Experte Schmid. Um Kritik zu äußern, negative Gefühle oder Unmut auszudrücken, verwenden Engländer oft ironische Formulierungen. Das bedeutet, dass sich Deutsche etwas anstrengen müssen, um überhaupt die Kritik ihrer englischen Partner zu hören. Auch Bitten und Anfragen werden von Engländern oft vage formuliert – so muss das Gegenüber nicht offen nein sagen, wenn es die Bitte nicht erfüllen kann oder will.

Weiteren Konfliktstoff bietet die unterschiedliche Haltung Problemen gegenüber. Deutsche tendieren dann häufig zur „Planungsorientierung", so Schmid. Sie möchten zuerst das Problem genau verstehen, dann das weitere Vorgehen planen und dann starten. Das ist Briten oft zu umständlich: Sie sind eher handlungsorientiert und gehen davon aus, dass sie im Laufe der Arbeit das Problem besser verstehen werden und sich außerdem doch ohnehin ständig alles ändert. Zu viel Planung macht also nicht wirklich Sinn. „Bei diesem Unterschied kracht es im Arbeitsleben öfters: Deutsche halten Briten für schlampig und ungenau, Briten die Deutschen für Pedanten und Planer", weiß Schmid.

PR-Expertin Carla Kleinjohann, die auch britische Unternehmen zu ihren Kunden zählt, hat festgestellt, dass es in schwierigen Projekten oder Verhandlungen hilft, möglichst diplomatisch vorzugehen. Ein Problem direkt anzusprechen sei nicht ratsam und gelte als unhöflich. „Briten haben es gewissermaßen zu einer Kunst erhoben, Probleme elegant zu umschreiben", erklärt Kleinjohann. Richtig einschätzen zu können, was ihre britischen Gesprächspartner meinten, hat die PR-Frau im Laufe der Zeit gelernt. „Wir Deutsche sind im Unterschied zu den Briten eher ein bisschen zu direkt, zu tough." Die Ausdrucksweise in Großbritannien schien ihr anfangs verklausuliert. „Ich musste erst lernen, herauszuhören, was genau gemeint war, um den Ton beziehungsweise den eigentlichen Sinn hinter manchen Äußerungen zu erkennen." Heute bedankt sie sich höflich, wenn sie den Eindruck hat, dass die Briten dezent Irritationen andeuten. Dann hakt sie im persönlichen Gespräch vorsichtig nach und versucht sich an das mögliche Problem heranzutasten. Die andere Seite merke dann schon das Bemühen und liefere auch bereitwillig die notwendigen Informationen, so Kleinjohann. Insgesamt empfindet sie die Ironie der Briten als sehr speziell und manchmal für Deutsche auf den ersten Blick nicht erkennbar. Wenn man nicht hundertprozentig sicher ist, den richtigen Ausdruck zu benutzen, sollte man auf ironische Bemerkungen lieber verzichten, empfiehlt sie.

Angeben ist verpönt

Zum Einstieg in Besprechungen wird deutlich mehr geplaudert als in Deutschland, der Begriff Small Talk kommt nicht von ungefähr von der Insel: „Die Engländer sind wahre Meister darin, leichte unterhaltsame Gespräche zu führen ohne zu privat oder persönlich zu werden", weiß der interkulturelle Experte Schmid. Ungeeignete Themen für Small Talk, weil sie entweder zu privat oder langweilig seien, sind die Politik, der Gesundheitszustand (Briten sind oft überrascht, wie offen in Deutschland Werbung für Magen- und Abführmittel gemacht wird) und die Kritik an Zuständen oder Problemen. In Deutschland regt man sich beispielsweise gern über die Verspätung der Bahn oder den Autobahnstau auf und stellt dadurch Gemeinsamkeit her. In England wird darüber eher mal ein Witzchen gerissen und dann wendet man sich wieder positiveren

Themen zu. Höflichkeit, Humor und Toleranz sind Trumpf. Und natürlich Understatement. Man sollte beim Small Talk nicht mit eigenen Leistungen beeindrucken wollen. Briten stellen ihr Licht eher unter den Scheffel, erzählen beispielsweise nicht, dass sie häufig Tennisturniere gewinnen, sondern dass sie gern mal Tennis spielen. Gute Small-Talk-Themen sind: Wetter, Sport, Hobbys oder einfach das, worüber sich die Briten unterhalten. Small Talk ist auch angesagt, wenn man von britischen Geschäftspartnern zum Abendessen eingeladen wird. Für geschäftliche Themen ist am nächsten Tag wieder Zeit.

Bei Telefonaten sind „Eisbrecher-Fragen" üblich. Engländer beginnen oft mit einer lockeren Bemerkung, einem netten Kompliment – nicht aus Oberflächlichkeit, sondern um dem Gesprächspartner Zeit zu geben, sich auf die Unterhaltung einzustellen. Nett darauf eingehen, aber nicht zu ausschweifend antworten. Während des Gesprächs ist es üblich, zwischendurch zu signalisieren, dass man aufmerksam zuhört: „really" oder „that's correct". So höflich Briten im „face to face"-Gespräch sind, so pragmatisch kann ihre E-Mail-Kommunikation ausfallen – ohne Anrede, ohne Unterschrift. Schmid rät, das nicht persönlich zu nehmen, sondern als reinen Pragmatismus zu werten. Auch private Weihnachtskarten sind oft nur auf der Rückseite unterschrieben, ohne persönlichen Text. Das wirkt auf Deutsche nicht selten distanziert, hat aus britischer Sicht damit aber wenig zu tun. Denn wichtig ist, dass die Karte zeigt: „Ich hab an dich gedacht." Der typischerweise auf deutschen Karten formulierte Text wirkt auf Briten viel zu pathetisch. Briefe hingegen sind in aller Regel sorgfältig formuliert und formal korrekt. Ehrenämter und Vorsitze werden gerne auf Briefköpfen und Visitenkarten vermerkt, Titel werden dagegen eher sparsam genannt. „Deutsche betonen eher ihren Intellekt, Briten ihr Engagement", hat Psychologe Schmid festgestellt.

Mit dem Chef ins Pub

So laufen auch die Gespräche im Job oft nicht so sachorientiert ab wie in Deutschland. Die Mitarbeiter werden auch mal überredet, weil man sie gut kennt und nicht, weil man sie mit sachlich besseren Argumenten überzeugt. Das funktioniert auch deshalb, weil in Großbritannien die Trennung zwischen Arbeit und Privatleben etwas geringer ist als in Deutschland. Das heißt, die Vorgesetzten gehen öfter mal mit den Mitarbeitern ins Pub und kennen sie so auch von einer anderen Seite. Der Freundeskreis besteht ebenfalls häufig aus Kollegen. Allerdings darf man sich nicht durch die typische Verwendung von Vornamen im Mitarbeiter-Chef-Verhältnis täuschen lassen. Dies bedeutet nicht zwingend den Grad von Vertrautheit, den es in Deutschland hat, wenn man sich duzt, warnt Experte Schmid.

Überhaupt ist es so eine Sache mit dem persönlichen Kontakt. Die Briten sind von Beginn an sehr viel zugewandter als Deutsche. Sie nehmen mit Fremden ganz selbstverständlich Kontakt auf – auf eine Art, die in Deutschland sehr freundschaftlich wirkt, in England aber wenig mit Freundschaft zu tun hat. Deutsche meinen so sehr schnell, Freunde gefunden zu haben und verhalten sich entsprechend, indem sie private Themen anschneiden oder versuchen, sich privat zu verabreden. Dabei waren die Briten nur freundlich und empfinden Deutsche dann leicht als aufdringlich oder taktlos, wenn diese dann ganz offen private Themen ansprechen. Und die Deutschen sind enttäuscht, dass sich der vermeintlich privat-persönliche Kontakt nicht weiterentwickelt.

Nicht nur der Dresscode ist in Großbritannien etwas konservativer. Auch traditionelle Rituale wie Heiraten haben oft noch eine größere Bedeutung als in Deutschland – wie auch die Frage, aus welcher Familie man stammt oder wo man studiert hat. Allerdings sind auch Abweichungen von der Regel an der Tagesordnung. Beispielsweise gilt einerseits das Thema „Sex" als Tabu, andererseits schenken sich Kollegen untereinander offenherzige Auftritte von Tabledancern zum Geburtstag. Einerseits legt man Wert auf einen zurückhaltenden Auftritt, andererseits betrinken sich gar nicht so wenige am Freitagabend im Pub und prügeln sich dann auf der Straße. „So etwas hat wohl jede Kultur, wie auch die deutsche das Oktoberfest oder den Karneval", sagt Schmid. „Aber für Außenstehende ist es oft schwer einzuschätzen."

Großbritannien

Last-Minute-Überblick

→ Briefe sollte man sehr höflich und sorgfältig formulieren, nur in E-Mails kommuniziert man kurz und knapp.

→ Bei Diskussionen nicht unterbrechen, den Vorredner loben und Kritik diplomatisch äußern.

→ Allzu strikte Planung gilt als pedantisch.

→ Beim Small Talk nicht zu privat werden, statt über den Gesundheitszustand lieber übers Wetter oder Sport reden.

→ Beim Dresscode bleibt man konservativ.

Britische Botschaft
Britische Botschaft
Wilhelmstraße 70
10117 Berlin
Tel.: 0 30 / 20 45 70
www.britischebotschaft.de

Deutsche Botschaft in Großbritannien
Embassy of the Federal Republic of Germany
23 Belgrave Square
London SW1X 8PZ
Great Britain
Tel.: 00 44 / 20 / 78 24 13 00
www.german-embassy.org.uk

Europa und Arabische Halbinsel

Tourismus-Info
British Tourist Authority
Thames Tower
Black's Road
Hammersmith
London W6 9EL
Great Britain
Tel.: 00 44 / 20 / 88 46 90 00
www.visitbritain.com

Schweden
Zurückhaltung kommt gut an

Zahlen und Fakten	
Fläche:	450 000 km²
Staatsform:	Konstitutionelle Monarchie mit einem demokratisch-parlamentarischen System
Hauptstadt:	Stockholm
Verwaltung:	Gliederung in 21 Verwaltungsbezirke *(Län)*
Amtssprache:	Schwedisch
Bevölkerung:	9 Mio.
Religion:	Mehrheitlich evangelisch-lutherisch; mehr als 250 000 Muslime; Freikirchen Schwedens: 243 000; katholisch: 150 000; Mosaische Glaubensbekenner: 18 000; Buddhisten: 4 000
Währung:	Schwedische Krone *(krona)* zu 100 Öre
Wirtschaft:	Fahrzeugindustrie, Pharmaindustrie, Medizingeräteindustrie, Werkzeugmaschinenindustrie, Informations- und Kommunikationstechnologie
Klima:	Norden: kontinentales Klima; Südwesten: atlantisch-maritime Einflüsse

„In der schwedischen Sprache gibt es kein Wort für ‚Besserwisser' – man benutzt das deutsche Wort dafür. Ich glaube, das sagt alles, oder?" Peter Takacs, heute Geschäftsführer der Stiftung eines schwedischen Möbelkonzerns, war zuvor viele Jahre Katalogverantwortlicher des Möbelhauses und hat drei Jahre in Schweden gelebt. Er weiß sehr wohl, dass es dort bestimmte Klischees über Deutsche gibt, denen man nicht absichtlich entsprechen sollte. Zunächst ist das erst einmal eine etwas befremdliche Vorstellung. Wenn man sich über die interkulturellen Unterschiede beim Business-Verhalten in Europa und Asien Gedanken macht, ist es selbstverständlich, dass vielleicht manches nicht so gemeint ist, wie es gesagt wird. Und dass man eine Weile braucht, um sich in der fremden Kultur zu orientieren. Aber Schweden? Ein EU-Staat im Norden von Europa, der als moderner, aufgeklärter Wohlfahrtsstaat gilt und dessen nordgermanische Sprache sogar Ähnlichkeit mit dem Deutschen hat. Und doch: Wer erfolgreich Geschäfte in Schweden machen will, sollte sich auch um die Zwischentöne zwischen den Kulturen bemühen.

Teamgeist zählt

„Die meisten Schweden sind sehr zurückhaltend, lassen den anderen auf sich zukommen, wollen aber nicht überfahren werden", sagt Ebba Wessel, die als Industriekauffrau jahrzehntelang in Schweden bei einem deutschen Technik-Konzern arbeitete. Für Ebba Wessel war es immer klar, dass sie sich in einem fremden Land befand. Sie fühlte sich als Gast, versuchte rücksichtsvoll zu sein und nicht die eigenen deutschen Maßstäbe anzulegen. Erst einmal alles anschauen und die Antennen nach möglichen Fettnäpfchen ausfahren! Eine Haltung, die bei ihren schwedischen Kollegen gut ankam. „Ich habe mich als Botschafterin meines Landes gesehen, aber ich habe mich nie verleugnet", beschreibt sie ihr Motto. „So wie es in Deutschland üblich ist, jemandem einfach die Wahrheit zu sagen, das würden Schweden nie machen." Offene Streits gebe es kaum, die Schweden seien nicht direkt und aggressiv, sondern eher harmoniebedürftig. Ein schwedischer Chef würde in der Regel nicht zu seinen Mitarbeitern sagen, dass sie etwas falsch gemacht hätten. Stattdessen würde er auf indirekte Art und Weise mit ihnen über das Thema diskutieren und zum Beispiel die Vor- und Nachteile einer Methode besprechen. Deutsche würden gar nicht merken, dass der Chef ihre Arbeit kritisiert.

Das Team als Diskutierclub

Überhaupt, so hat Ebba Wessel festgestellt, ist Diskutieren quasi der schwedische Volkssport Nummer Eins. So würden bei Sitzungen mit zwei Teams in drei Stunden alle Aspekte einer Sache beleuchtet und ausgiebigst erläutert, wie man etwas machen könnte. Danach trennten sich die Schweden hochbefriedigt, während die Deutschen nach dem Ergebnis fragten. Ebba Wessel rät deshalb, in solchen Situationen genau nachzufragen: „Was passiert als nächstes und wer ist dafür verantwortlich?" Auch Günther Kerschbaum, Corporate Account Manager bei einem Elektrokonzern, hat erlebt, dass die Schweden sehr auf Konsens aus sind. „Die Deutschen empfinden die Schweden oft als Diskutierclub, die Schweden sehen die Deutschen dagegen als diejenigen, die alles ganz schnell fertig haben wollen." Oder wie Peter Takacs es formuliert: „In Schweden werden Entscheidungen anders verkauft: Nicht der Chef entscheidet und gibt seine Entscheidung bekannt, sondern der Chef erklärt sein ‚Anliegen', lässt dann das gesamte Team eine lange und breite Diskussion dazu führen und bezieht dann die ganze Mannschaft in die Entscheidungsfindung mit ein." Auch die PR-Expertin Carla Kleinjohann hat bei ihrer Arbeit die Geduld der Schweden kennen gelernt: „Die Schweden sind insgesamt sehr konsensorientiert. Hierarchisches Denken ist bei ihnen eher verpönt. Wenn nicht alle für eine bestimmte Vorgehensweise stimmen, hat das Team ein ungutes Gefühl. Verhandlungen oder Projekte gehen deshalb auch nur dann weiter, wenn sich die Mehrheit einig ist. Das heißt aber nicht, dass ewig hin- und herdiskutiert wird und Entscheidungen verzögert werden. Klarheit ist für Schweden generell wichtig. Da sind sie den Deutschen sehr ähnlich. Lange und umständlich über etwas zu reden ist nicht ihr Ding. Eher kommen sie zügig auf den Punkt, sind aber dabei stets sehr höflich."

In Schweden zählt eben weniger der Einzelne, sondern das Team. Das ist auch Antje Harder aufgefallen. Die deutsche Physikerin ist vor mehreren Jahren mit ihrem Mann nach Schweden gezogen und hat sich inzwischen dort als Fachübersetzerin für Schwedisch-Deutsch selbstständig gemacht. Für sie hat das Streben nach Konsens auch eine politische Dimension: „Sozialistische Elemente sind immer noch zumindest unterschwellig zu spüren, darunter eben auch der Wunsch und die Forderung nach ‚Jämlikhet'– Gleichheit."

Ein Land per Du

Ihre Gesprächspartner empfindet PR-Frau Kleinjohann oft als sehr bodenständig: „Wort und Handschlag gelten hier tatsächlich noch." In Verträgen werde oft nur das Minimum geregelt. Sie selbst, die inzwischen auch die schwedische Sprache gelernt hat, hat gute Erfahrungen damit gemacht und schätzt die unkomplizierte, faire Art der Schweden. Auch die Naturwissenschaftlerin Harder empfindet die Geschäftswelt in Schweden als deutlich informeller als in Deutschland: „Einen Doktortitel vor sich herzutragen ist hier schon eher peinlich." Dazu trägt ihrer Meinung nach auch die allgemeine Duz-Kultur bei, die seit der so genannten „Du-Reform" Ende der

60er Jahre üblich ist: Schon nach kurzen Geschäftskontakten spricht man sich mit „Du" und dem Vornamen an. Ein Brauch, den ein schwedischer Möbel-Gigant auch für seine deutschen Niederlassungen übernommen hat – vom Azubi bis zur obersten Führungsriege duzt man sich hier.

Der Schwede Per Lekander, Direktor für Investment Research bei einem internationalen Finanzunternehmen, ist überzeugt, dass im internationalen Vergleich viele Geschäftsleute Schweden als das Land ansehen, in dem Hierarchien die geringste Rolle spielen. Das zeigt sich auch daran, dass sich deutsche Sekretärinnen und Assistentinnen nach Ansicht Lekanders in der Regel in einer umfassenden Unterstützerinnen-Rolle für ihre Vorgesetzten sehen. Schwedische Assistentinnen stellen dagegen häufiger ihre „offiziellen" Aufgaben in den Vordergrund. Kaffeekochen gehört meist nicht dazu. Das erlebte auch der deutsche Banker Thomas Jakob, der öfter beruflich in Schweden unterwegs war. Zu Gast bei einem schwedischen Mobilfunk-Konzern standen für die Besprechung zwar Sandwiches bereit, für den Kaffee mussten er und die anderen Manager jedoch der Assistentin zur Cappuccino-Maschine folgen. Dort zeigte sie ihnen, wie die Maschine funktionierte und ließ sie sich ihren Kaffee selbst zubereiten. Ähnliche Erfahrungen machte er auch bei einem schwedischen Bau-Konzern und einem Industrieunternehmen.

Vorsicht mit Ironie

Per Lekander sieht bei Deutschen und Schweden zwar in der Hauptsache viele Ähnlichkeiten, weist aber auch auf Unterschiede hin. So sind Gespräche im Job zwischen Vorgesetzten und Mitarbeitern im nordischen Nachbarland lockerer als in Deutschland. Peter Takacs empfand es als positive Einstimmung in Schweden, immer erst einmal „etwas Nettes" zu sagen, bevor man zum Kern komme. Allerdings könne das die Deutschen auch etwas nerven. Witzige, ironische Bemerkungen sind trotz aller Lockerheit keinesfalls angebracht, wenn man den anderen noch nicht länger kennt. Es gilt auch hier das Prinzip Zurückhaltung. Vorsichtig sollte man auch mit dem Thema „Einwanderung" umgehen und alles vermeiden, was als politisch unkorrekte und zum Rassismus tendierende Äußerung interpretiert werden könnte.

Understatement ist bei allen Unterhaltungen wichtig. Nie sollte man prahlen. Angeberei ist tabu. Deshalb ist Geld ein besonders heikles Thema. Keinesfalls sollte man mit teuren Gütern protzen, vor allem, wenn man nicht weiß, ob die schwedischen Gesprächspartner sie sich auch leisten könnten. „Das Schlimmste, was man in Schweden tun kann, ist, sich über andere zu erheben und sie sich unterlegen fühlen zu lassen", rät Lekander für Gespräche mit seinen Landsleuten. „Skandinavier neigen generell zum Understatement und haben manchmal geradezu einen Hang zur Tiefstapelei", erzählt die Kommunikationsberaterin Kleinjohann. „Dabei sind Schweden oft sehr innovativ und haben in vielen Technologiebereichen die Nase vorn, worauf sie zu Recht auch stolz sind." Bisher habe sie aber noch nie erlebt, dass Schweden sich selbst bei einer noch so gut gelungenen Sache in amerikanischer Manier brüsten würden. „Statt viel Wind um eine Sache zu machen, sind Schweden eher Macher. Wer das nicht weiß, unterschätzt sie vielfach", fasst Kleinjohann zusammen.

„Amerikanische" E-Mails, „deutsche" Briefe

Wie der persönliche Umgang ist auch die schriftliche Kommunikation oftmals formloser als in Deutschland. Handgeschriebene Notizen als Antwort auf Briefe sind durchaus normal, hat Peter Takacs festgestellt: „Man schreibt wie man spricht, einfach und klar." Eine formelle Anrede, die dem „Sehr geehrte Damen und Herren" entsprechen würde, gibt es nicht. Wenn man sich noch nicht so gut kennt, fängt ein Brief oft ohne Grußzeile direkt mit dem Betreff an. Allerdings sei ein Unterschied zwischen E-Mails und Briefen auszumachen, gibt der schwedische Unternehmensberater Lekander zu bedenken. E-Mails sind sehr informell und entsprechen stark dem amerikanischen Stil. Briefe sind dagegen förmlicher und ähneln eher dem deutschen Umgangston. Früher endeten Briefe oft mit der Abschiedsformel: „Med vänliga hälsningar", was in etwa dem deutschen „Mit freundlichen Grüßen" entspricht. Das gilt heute als zu distanziert, man bevorzugt „Hälsningar", was einfach „Grüße" bedeutet.

Was das Business-Outfit betrifft, gilt ebenfalls die Devise: keinesfalls zu formell. Legere lockere Kleidung ist auch im Job angebracht, Anzug mit Weste eher nicht. Doch Antje Harder weist auf die Grenzen der Lässigkeit hin: „In Schweden gibt es einige Anlässe, bei denen man sich in Abendgarderobe wirft." So wurde ihr Mann, der als Wissenschaftler an der Universität arbeitet, für eine akademische Feier einmal beim gut sortierten Frackverleih vorstellig.

Väter im Baby-Urlaub

Als einen der größten Unterschiede sieht Per Lekander, dass man in Schweden damit rechnen müsse, dass auch Väter vor fünf Uhr gehen, um ihre Kinder von der Kinderkrippe abzuholen. „Seien Sie darauf vorbereitet, dass Männer weniger arbeiten, Frauen mehr", rät Lekander. Auch Antje Harder, Mutter zweier Kinder, hat erlebt, dass die Berufstätigkeit von Frauen in Schweden eine Selbstverständlichkeit ist. Für Kinder ab gut einem Jahr ist ein kommunaler Krippenplatz garantiert. Die Elternzeit dauert 480 Tage, 390 Tage lang wird Erziehungsgeld in der Höhe des Krankengeldes gezahlt, in der übrigen Zeit ein monatlicher Basisbetrag. Diese 390 Tage können zwischen den Eltern aufgeteilt werden. 60 dieser 390 Tage sind der Mutter vorbehalten, weitere 60 dem Vater. Diese 60 an den jeweiligen Elternteil gebundenen Tage sind nicht übertragbar und verfallen, wenn sie nicht genommen werden. „Die politische Absicht wird natürlich deutlich, hat aber auch tatsächlich zur Folge, dass erziehungsurlaubende Väter nicht wie Wesen vom anderen Stern angesehen werden", stellte Antje Harder fest. De facto bleibt es zwar oft nur bei den 60 Tagen, die aber können beliebig verteilt genommen werden – zum Beispiel nimmt der Vater einen Tag die Woche frei, oder die Eltern teilen sich die Zeit: Einer arbeitet vormittags, einer nachmittags. Sehr flexibel und jederzeit änderbar, wenn der Arbeitgeber einverstanden ist. Für den deutschen Banker Thomas Jakob war das anfangs ungewohnt. Er plante gerade mit einer großen schwedischen Firma einen Deal, als sich einer der schwedischen Topmanager für drei Wochen in den Erziehungsurlaub verabschiedete: „Ich dachte, der Deal geht baden." Doch per Telefon und Laptop war der Manager auch zu Hause erreichbar, wurde Kind und Job gerecht – und das Geschäft klappte.

Schweden

Last-Minute-Überblick

→ Zurückhaltung und Understatement bringen Sympathiepunkte.

→ Entscheidungen werden im Team diskutiert, hierarchisches Denken ist verpönt.

→ Im schwedischen Business ist man schnell per Du, der persönliche Umgang ist locker, E-Mails sind eher informell, Briefe dagegen „förmlich-deutsch".

→ Das Business-Outfit ist leger.

→ Elternzeit ist auch Männer-Sache.

Schwedische Botschaft
Königlich Schwedische Botschaft
Rauchstraße 1
10787 Berlin
Tel.: 0 30 / 50 50 60
www.schweden.org

Deutsche Botschaft in Schweden
Förbundsrepubliken Tysklands Ambassad
Skarpögatan 9
11527 Stockholm
Postadresse:
Box 27832
11593 Stockholm
Sweden
Tel.: 00 46 / 8 / 6 70 15 00
www.german-embassy.se

Tourismus-Info
Sveriges Rese- och Turistråd AB
Box 3030
10361 Stockholm
Sweden
Tel.: 00 46 / 8 / 7 89 10 00
www.visit-sweden.com

Polen
Charmanter Social Talk gehört dazu

Zahlen und Fakten

Fläche:	312 678 km²
Staatsform:	Parlamentarische Demokratie
Hauptstadt:	Warschau
Verwaltung:	Seit 1999 administrativ neu gegliedert: statt der ursprünglich 49 Regierungsbezirke, so genannte *Woiwodschaften,* jetzt 16 Regionen
Amtssprache:	Polnisch
Bevölkerung:	38,6 Mio.
Religion:	90% Katholiken; 0,5% Polnisch-Orthodoxe; 1,4% Protestanten
Währung:	Zloty (Zl) zu 100 Groszy
Wirtschaft:	Lebensmittelerzeugung, Bergbau, Hütten-, Textil- und Bekleidungsindustrie
Klima:	Kontinentales Klima

Eine lange, wechselvolle und zum Teil auch sehr schmerzliche Geschichte verbindet Deutschland und seinen Nachbarn Polen seit vielen Jahrhunderten. Der Zweite Weltkrieg, bei dem die Deutschen zu Kriegsbeginn Polen überfielen, ist Teil dieser Vergangenheit. Mit der EU-Mitgliedschaft von Polen wird nun ein neues, anderes Kapitel eröffnet. Die wirtschaftlichen Verflechtungen der beiden Nachbarn Deutschland und Polen werden jetzt noch enger. Um dabei erfolgreich zu sein, sollte man nicht unabsichtlich bestimmten Klischees von Deutschen entsprechen, die die polnischen Gesprächspartner eventuell im Kopf haben. „Mancherorts gelten Deutsche als laut und rechthaberisch, andernorts als etwas knickerig", gibt der Pole Jerzy Majewski zu bedenken. Inzwischen ist er bei einer deutschen Bank für Projektfinanzierung in Lateinamerika zuständig. Davor lebte er jahrelang in Deutschland, studierte BWL in Hamburg und beschäftigte sich in Deutschland und in Polen im Consulting-Business mit EU-Projekten. „Taktvolles Feingefühl ist immer willkommen", so Majewski. Dazu gehört, sich bewusst darüber zu sein, dass Hierarchien in Polen tendenziell stärker „ausgelebt" werden als in Deutschland.

Majewski rät dazu, bei der direkten Ansprache den Titel zu verwenden – wie zum Beispiel „Herr Direktor" oder „Frau Präses" (was soviel wie „Frau Geschäftsführerin" bedeutet). Akademische Titel und Bezeichnungen werden dagegen grundsätzlich nur Universitätsprofessoren gegenüber verwendet. Auf der Visitenkarte kann allerdings schon die Bezeichnung „Ingenieur XY" erscheinen. Auch bei Briefen verwendet man die offizielle Anrede wie etwa „Herr Direktor plus Nachname", bei E-Mails neigt man zur informellen Anrede, zum Beispiel „Pan Waldek" („Herr Waldemar"). Die Formel lautet dabei „Herr/Frau plus Vorname". Es ist zwar gut angesehen, polnisch zu können, aber nicht zwingend erforderlich, meint der Pole Majewski: „In Warschau und anderen polnischen Großstädten sind Englisch und Deutsch einigermaßen bekannt. Und die Polen akzeptieren, dass Polnisch keine europäische, geschweige denn eine Weltsprache ist." Brigitte Ott-Göbel, Vertriebsmanagerin bei einem Autokonzern, hat bei einem sechsmonatigen Job-Aufenthalt in Warschau die Erfahrung gemacht: „Es gibt supergute Übersetzerinnen und Übersetzer." Ausnahmen bestätigen die Regel: Für Verantwortliche in der Produktion ist es unabdingbar, polnisch zu sprechen, um erfolgreich zu sein.

Charme statt Besserwisserei

Majewskis Tipp für Deutsche, die erfolgreich in Polen arbeiten wollen oder viel in Deutschland mit polnischen Geschäftspartnern zu tun haben: „Eine offene und freundschaftliche Ebene aufbauen, da persönliche Sympathien viele Geschäftsbeziehungen prägen." Das hat auch Brigitte Ott-Göbel festgestellt: „Die Kommunikation ist insgesamt ausführlicher als in Deutschland, nicht so schnell auf den Punkt gebracht wie es Deutsche praktizieren. Man legt mehr Wert auf Begrüßungs- und Verabschiedungsrituale. Dadurch dauern Telefonate länger, weil man sich immer auch nach dem Befinden des Gesprächspartners erkundigen und ein bisschen Social Talk machen muss." Keinesfalls sollte man dabei negativ über den verstorbenen Papst Johannes Paul II. oder die Kirche reden, da diese Institutionen große Bedeutung für die Polen haben.

Polen

Die grundsätzlichen Unterschiede zwischen Polen und Deutschen? „Die Deutschen vertrauen dem Staat, engagieren sich im sozialen Umfeld und gehen das Leben geplanter, zielbewusster und durchdachter an. Polen sind spontaner, legen weniger Wert auf perfekte Organisation und treffen oft ökonomisch nicht ganz leicht nachvollziehbare Entscheidungen." Vertriebsmanagerin Ott-Göbel möchte kein klischeehaftes Urteil abgeben, hat aber doch folgende Erfahrung gemacht: „Die Deutschen sind eher exakt und arbeiten strukturiert, die Polen arbeiten dagegen weniger systematisch, sind aber Weltmeister im Improvisieren und können sehr kreativ sein. Ein Beispiel: Vor wichtigen Meetings oder Tagungen ging regelmäßig die Last-Minute-Hektik los, obwohl das meiste hätte viel früher erledigt werden können. Wundersamerweise ist aber immer alles rechtzeitig fertig geworden – mit vielen Klimmzügen, Tricks und Adrenalinverbrauch, aber immerhin!" Auch Pünktlichkeit sollte man in Polen nicht zu sehr erwarten. „Die Polen liegen mit ihrem relativ entspannten Verhältnis zur Pünktlichkeit irgendwo zwischen Deutschland und Lateinamerika", gibt Majewski zu bedenken.

„In Polen ist alles flexibler als in Deutschland – zum Beispiel der Umgang mit Vorschriften. Werden sie als dumm empfunden, werden sie eben nicht beachtet", weiß Siegfried von der Groeben. Als Partner und geschäftsführender Gesellschafter einer internationalen Personalberatung ist er auch in Polen tätig und arbeitet dort eng mit polnischen Partnern zusammen. Von der Groeben, der in Ostpreußen geboren wurde und heute in München lebt, engagiert sich seit Jahren für den kulturellen Austausch zwischen Polen und Deutschland und plant, in Zukunft interkulturelle Trainings für deutsche Manager in Polen anzubieten. Er schätzt die freundliche, charmante und höfliche Art der Polen. „Auf keinen Fall darf man dort als Besserwisser auftreten", warnt er. „Man muss es schaffen, voll akzeptiert zu werden, denn es gibt in Polen Netzwerke, die wir gar nicht wahrnehmen." Wenn Deutsche laut, stur und unhöflich auftreten, kann es für Polen zum Nationalsport werden, sie auszutricksen. Und man sollte sich hüten, so von der Groeben, deutsche Lösungen einfach in Polen anwenden zu wollen: „Was in Deutschland als beste Lösung gilt, muss nicht unbedingt in Polen wirken." Vorsicht ist bei der Entsendung zweitklassiger Manager aus Deutschland nach Polen geboten: „Der Respekt der polnischen

Mitarbeiter ist nur zu gewinnen, wenn sich der Unterschied in den Gehältern in einem Unterschied in der Leistung widerspiegelt."

Frauen im polnischen Business

Gleich in der ersten Woche in Warschau wurde Brigitte Ott-Göbel mit Handkuss empfangen, für sie eine ziemlich ungewohnte Situation. Doch das sei keine Ausnahme, bestätigt Majewski. Deutsche Businessfrauen sollten sich bei Geschäften mit Polen darauf einstellen, dass man sie eventuell mit Handkuss begrüßt oder dass man ihnen auffällig viele Komplimente macht. Dabei sollten sich Business-Frauen zunächst einmal nicht allzu viel denken. Im Unterschied zu Deutschland, wo Frauen als gleichgestellte Partnerinnen angesehen würden, sähe man in Polen in ihnen immer noch „die Frau" an erster Stelle.

Wenn polnische Geschäftspartner zu Besuch kommen, sollte man, so Majewski, damit rechnen, dass sich die Gäste nicht ans Programm halten und auch Eigeninitiative ergreifen. „Natürlich ist es wichtig, die Besucher gut zu betreuen und sich persönlich um sie zu kümmern", sagt Ott-Göbel, „denn das ist das, was sie selbst auch tun." Von der Groeben rät, polnische Geschäftspartner nach Hause einzuladen: „Das tun nur wenige Deutsche und die selbst äußerst gastfreundlichen Polen schätzen das sehr."

Kommunistische Relikte

Noch immer trifft man in Polen auf starke Interessengruppen, die primär an die eigene Bereicherung und die Erhaltung von Positionen denken. Übergeordnetes Unternehmensinteresse bleibe da schon mal auf der Strecke, bedauert Majewski. Korruption gelte deshalb nach dem Thema „Arbeitslosigkeit" als zweitgrößtes Wirtschaftsproblem. Und Brigitte Ott-Göbel hat festgestellt, dass Mitarbeiter oder Geschäftspartner über 40, die noch in der Planwirtschaft groß geworden sind, oft kein Englisch, sondern Russisch sprechen und in der Ausbildung weder die Fächer Marketing noch Controlling kennen gelernt haben. Auch von der Groeben hat registriert, dass bei

Polen

weniger Ausgebildeten oft das Verständnis für den Zusammenhang zwischen Leistung und Gehalt fehlt.

Der Aufenthalt in Warschau bot Brigitte Ott-Göbel unerwartete neue Einblicke. Was sie am meisten überraschte? „Die Gastfreundlichkeit und Herzlichkeit aller Menschen und die Freundlichkeit der Polen den Deutschen gegenüber – auch von älteren Menschen, die den Krieg miterlebt haben. Bei den Jüngeren verblüffte mich ihr Wissen über Deutschland, die deutsche Politik und Kultur. Wenn man das mit unserem Wissen über Polen vergleicht..."

Last-Minute-Überblick

→ Mündlich und schriftlich bei direkter Ansprache Titel verwenden, Begrüßungs- und Verabschiedungsrituale einhalten, vor allem auch am Telefon.

→ Wichtig im Business: Persönliche Sympathie schaffen, unhöfliche Besserwisser werden nicht akzeptiert.

→ Man legt weniger Wert auf perfekte Organisation, sondern zeigt sich flexibel und improvisiert kreativ.

→ Besucher aus Polen erwarten Gastfreundschaft und persönliche Betreuung. Tipp: Auch in Deutschland nach Hause einladen.

Polnische Botschaft
Botschaft der Republik Polen
Lassenstraße 19-21
14193 Berlin
Tel.: 0 30 / 22 31 30
www.botschaft-polen.de

Europa und Arabische Halbinsel

Deutsche Botschaft in Polen
Embassy of the Federal Republic of Germany
ul. Dabrowiecka 30
03-932 Warszawa
Poland
Tel.: 00 48 / 22 / 5 84 17 00
http://ambasadaniemiec.pl

Tourismus-Info in Deutschland
Polnisches Fremdenverkehrsamt
Kurfürstendamm 71
10709 Berlin
Tel.: 0 30 / 2 10 09 20
www.polen-info.de

Tourismus-Info in Polen
Polish Tourist Organisation
ul. Chałubińskiego 8, XIX Pietro
00-613 Warszawa
Poland
Tel.: 00 48 / 22 / 5 36 70 70
www.pot.gov.pl

Litauen
Mustergültig motiviert und mit Spaß bei der Sache

Zahlen und Fakten	
Fläche:	65 000 km²
Staatsform:	Parlamentarische Demokratie
Hauptstadt:	Wilna (lit.: Vilnius)
Verwaltung:	Unterteilung in 10 Distrikte
Amtssprache:	Litauisch
Bevölkerung:	3,48 Mio.
Religion:	Überwiegend katholisch, daneben protestantisch, russisch-orthodox, jüdisch
Währung:	Litas
Wirtschaft:	Landwirtschaft, Fischerei, Milch- und Fleischerzeugung, Nahrungsmittel-, Textil-, Baustoffindustrie
Klima:	Kontinental

Seit 1990 ein selbstständiger Staat und jetzt auch EU-Mitglied, die Fakten über Litauen sind bekannt. Doch davon abgesehen ist das größte und bevölkerungsreichste der drei baltischen Länder von Deutschland aus betrachtet ein relativ weißer Fleck. Die Litauer sind ein eher kleines Volk in Mitteleuropa, dessen Schicksal jahrhundertelang überwiegend von Fremdherrschaft geprägt wurde bis hin zum Kommunismus unter russischer Herrschaft. Strategien wie Vorsicht, Misstrauen, Schläue und Konfliktvermeidung sicherten der Bevölkerung das Überleben – davon ist Dr. Sylvia Schroll-Machl, interkulturelle Expertin für Mittel- und Osteuropa, überzeugt. Allerdings seien das Kulturstandards, die im Kontrast zu denjenigen Deutschlands und Österreichs stehen. Wer erfolgreich in Litauen Geschäfte machen will, sollte sich also etwas näher mit diesen Verhaltensweisen beschäftigen und dabei außerdem berücksichtigen, dass jedes Land im Baltikum zusätzlich noch seine eigene Charakteristik aufweist. So speist sich das litauische Selbstverständnis auch aus seiner Rolle als Bollwerk gegen die deutschen Kreuzritter im Mittelalter und als einstige europäische Großmacht im 18. Jahrhundert, deren Grenzen von der Ostsee bis zum Schwarzen Meer und von Polen bis kurz vor Moskau reichten.

Anders als in den beiden anderen baltischen Staaten, in denen rund ein Drittel der Bevölkerung russisch ist, sind es in Litauen nur knapp zehn Prozent. Schon allein aus diesem Grund warnt der Osteuropa-Experte und Autor Bodo Thöns davor, im Baltikum alle drei Länder gleichzusetzen: „Das ist ein weit verbreiteter Fehler."

Persönliche Gespräche mit Humor

Eines hat Litauen jedoch mit anderen ost- und mitteleuropäischen Ländern gemeinsam: Die persönliche, emotionale Ebene spielt eine wichtige Rolle. Ein Vorteil, wenn es einem gelingt, das zu nutzen. Ein Nachteil, wenn es darum geht, verbindliche Standards zu etablieren, hat Bodo Thöns festgestellt. Auch Kritik zu äußern fällt wegen der persönlichen Nähe manchmal schwerer – oder wirkt verletzender als sie von deutscher Seite aus gemeint ist. Die Gespräche sind in der Regel bei der Arbeit etwas weniger formell als in Deutschland und relativ schnell funktioniert die Anrede per Vorname und Sie. Überhaupt wird die Kommunikation von viel Humor, Selbstironie und Leichtigkeit geprägt, man will Spaß haben und nicht bierernst zusammenarbeiten. Beruf und Privatleben sind stärker verwoben als in Deutschland. Es gibt auch einmal eine Party im Büro oder man geht nach der Arbeit zusammen aus. Litauer zeigen große Bereitschaft, auch mal länger zu arbeiten oder am Wochenende, hat Thöns festgestellt. Deutsche Litauen-Experten berichten übereinstimmend positiv von der Flexibilität der litauischen Mitarbeiter und von ihrem Engagement, das gute Erfolge bringt. Wenn die zum Teil bei Litauern heute noch bestehenden Defizite bei Ausbildung und Selbstmarketing behoben sind, erwartet Thöns deshalb eine weitere Abwanderung von Kreativjobs nach Litauen. Als „sehr motivierte kapitalistische Musterschüler" beschreibt auch Andrea Mewaldt litauische Kollegen. Sie ist seit dreizehn Jahren in Litauen tätig – als interkulturelle Trainerin und Kooperationsberaterin für mittelständische Unternehmen in Polen, Russland und im Baltikum.

Negatives Image: Deutsche wissen, wo's langgeht

Demotivieren lassen sich die Litauer allerdings manchmal durch die starke deutsche Sachorientierung, die folgendes Bonmot beschreibt:

„Die Deutschen wissen nicht alles, aber sie wissen alles besser." Deutsche vermitteln oft, dass es nach ihrer Ansicht nur einen richtigen Weg gibt. Eine Haltung, vor der die Ukrainerin Dr. Aksana L. Kavalchuk, interkulturelle Trainerin und Lehrbeauftragte an der Universität Wien für „Interkulturelle Kompetenz", nur warnen kann. Sie hält es für wichtig, dass die deutschen Geschäftspartner bei bestimmten Anforderungen, Strukturen und Planungen erklären, warum es so und so gemacht werden muss – beispielsweise wegen der Qualitätssicherung, der Buchhaltung oder der Steuer in Deutschland. Hilfreich ist außerdem dort, wo Abweichungen möglich sind, immer zu fragen: „Und wie würden Sie in Litauen das Problem lösen?" Nur so kann sich die litauische Seite als mündiges Gegenüber angesprochen fühlen. Da die Kommunikation in Litauen wesentlich indirekter ist, ist es ganz wichtig, zwischen den Zeilen zu lesen, weiß Heidrun Fammler. Sie ist seit zehn Jahren in Litauen tätig und inzwischen als Präsidentin des Baltic Enviromental Forums für Umweltprojekte zuständig. Da die Konfliktscheu sehr groß ist, müsse man sehr genau nachfragen, um Probleme im Vorfeld klären zu können.

Im Vorfeld sollte man auch mit einer gründlichen Marktuntersuchung ermitteln, ob man mit dem Geschäft, das man in Litauen starten möchte, überhaupt willkommen ist, rät Max Fuchsschwanz, Geschäftsführer bei einem Automobilzulieferer, der seit über zehn Jahren in Litauen arbeitet. Andere Litauen-Experten bestätigen, dass es sonst später Schwierigkeiten mit den Behörden geben könnte, wenn etwa Genehmigungen verweigert werden.

Last-Minute-Überblick

- Flexibilität und Engagement zeichnen das litauische Business aus.
- Die persönliche und emotionale Ebene ist sehr wichtig.
- Humor prägt die Kommunikation, nicht alles wird direkt gesagt, daher zwischen den Zeilen lesen.
- Interessiert auftreten und durch Offenheit und Toleranz punkten.

Litauische Botschaft
Botschaft der Republik Litauen
Charitéstraße 9
10117 Berlin
Tel.: 0 30 / 8 90 68 10
www.botschaft-litauen.de

Deutsche Botschaft in Litauen
Botschaft der Bundesrepublik Deutschland
Sierakausko Gatve 24/8
03105 Vilnius
Lithuania
Tel.: 0 03 70 / 5 / 2 10 64 00
www.deutschebotschaft-wilna.lt

Tourismus-Info in Deutschland
Baltikum Tourismus Zentrale (BTZ)
Fremdenverkehrszentrale Estland – Lettland – Litauen
Katharinenstraße 19-20
10711 Berlin
Tel.: 0 30 / 89 00 90 91
www.gobaltic.de

Tourismus-Info in Litauen
Lithuanian State Department of Tourism
A. Juozapaviciaus 13
09311 Vilnius
Lithuania
Tel.: 0 03 70 / 5 / 2 10 87 96
www.tourism.lt; www.travel.lt

Tschechien
Sensible Improvisationskünstler

Zahlen und Fakten	
Fläche:	78 866 km²
Staatsform:	Demokratisch-parlamentarische Republik
Hauptstadt:	Prag (Praha)
Verwaltung:	Einteilung in 14 Distrikte
Amtssprache:	Tschechisch
Bevölkerung:	10,28 Mio.
Religion:	39% katholisch; 2,5% protestantisch; 0,2% orthodox; 1,7% tschechisch-hussitisch; 39,9% konfessionslos
Währung:	Tschechische Krone (Koruna, Kürzel: K) zu 100 Hellern (Háleru)
Wirtschaft:	Maschinen- und Fahrzeugbau, Erdölverarbeitung, Erzeugung von Nahrungs- und Genussmitteln
Klima:	Übergang von ozeanisch beeinflusstem zu kontinentalem Klima

Als „Personenbezug" beschreibt die Deggendorfer Trainerin für interkulturelle Kommunikation Dr. Sylvia Schroll-Machl den für die Zusammenarbeit mit Tschechen wichtigsten Unterschied zu der in Deutschland üblichen Orientierung am Sachaspekt. Tschechen suchen in erster Linie nach persönlichen Ansatzpunkten, versuchen eine gute Atmosphäre herzustellen, sind aber auch leicht in ihrem Wohlbefinden kränkbar. Wenn mal etwas nicht so gut läuft, teilen Tschechen dies in der Regel nicht explizit mit, sondern vertrauen darauf, dass die deutschen Partner ihre vielfältigen verbalen und nonverbalen Zeichen schon einordnen könnten. Doch diese bekommen oft gar nichts davon mit und sind dann überrascht, wenn Tschechen plötzlich ihren Job kündigen und sich dann auch nicht mehr umstimmen lassen wollen. Der Grund: Sie scheuen die Auseinandersetzung über das, was nicht so gut gelaufen ist, so Expertin Schroll-Machl.

Normen gelten oft als unsinnig

Deutsche lieben Pläne, weil sie die Sache und den Inhalt organisieren. Das ist ein großer Unterschied zu den Tschechen, denen in der Regel Strukturen eher suspekt sind. „Sie halten sich für flexibel, geschmeidig und findig", hat Schroll-Machl bei ihren Forschungsprojekten herausgefunden. Verständlich, war doch historisch gesehen das kleine Land Tschechien über die Jahrhunderte hinweg immer wieder von fremden Mächten und Systemen beherrscht, von der Zugehörigkeit zur österreichischen Monarchie und zum Deutschen Reich bis hin zu seiner Abhängigkeit von der Sowjetunion als kommunistischer Staat. Zu viele Normen, Vorschriften und Pläne werden von Tschechen oft als dumm und unsinnig angesehen, wer sich strikt daran hält, als einfältig. Für Tschechen ist ein kreativer Umgang mit Strukturen wichtig. Für sie sind Strukturen änderbar, denn man kann ja improvisieren.

Diese Flexibilität und Improvisationsfähigkeit hilft ihnen auch, viele Dinge parallel zu tun – eventuell auf Kosten von Perfektion und Qualität. Doch gerade die sind im deutschen Geschäftsleben besonders wichtig. Konflikte sind somit vorprogrammiert: „Deutsche erwarten oft Zuverlässigkeit, wo Tschechen frei sein wollen", hat Tschechien-Expertin Schroll-Machl festgestellt. Was dabei hilft, sich trotzdem besser zu verstehen: sich gegenseitig erst einmal kennen lernen, zum Beispiel bei einer Einladung ins Restaurant, was für persönliche Kontaktpflege im tschechischen Business üblich ist. Dabei geht es vor allem um den informellen Austausch von Geschäftsinformationen und um private Themen. Für Tschechen eine gute Gelegenheit, etwas persönlichere Geschäftsbande zu knüpfen. Aber auch deutsche Business-Partner profitieren, weil ihnen deutlicher wird, wie sie die tschechische Seite anders als mit detailliert ausgearbeiteten Plänen ins Boot holen könnten.

Was man sonst noch unbedingt wissen sollte? Das Wort „Tschechei" ist tabu, denn es erinnert an die nationalsozialistische Besetzung Tschechiens. Auf Deutsch hat sich der Begriff „Tschechien" inzwischen fest eingebürgert.

Tschechien

Last-Minute-Überblick

→ Persönliche Kontaktpflege ist im tschechischen Business üblich, bei der Einladung ins Restaurant geht es auch um private Themen, um sich kennen zu lernen.

→ Verstimmungen werden nicht gleich offen angesprochen, daher auf nonverbale Zeichen achten.

→ Mit Normen und Vorschriften geht man kreativ um.

→ Tabu: der Ausdruck „Tschechei".

Tschechische Botschaft
Botschaft der Tschechischen Republik
Wilhelmstraße 44
10117 Berlin
Tel.: 0 30 / 22 63 80
www.mzv.cz/berlin

Deutsche Botschaft in Tschechien
Embassy of the Federal Republic of Germany
Vlašská 19, Malá Strana
Postbox 88
118 01 Praha 1
Tschechien
Tel.: 00 42 / 2 / 57-11 31 11 oder -53 14 81
www.deutsche-botschaft.cz

Tourismus-Info
Tschechische Zentrale für Tourismus – Vertretung Deutschland
Friedrichstr. 206
10969 Berlin
Tel.: 0 30 / 2 04 47 70
www.czechtourism.com

Tourismus-Info in Tschechien
Czech Tourism
Vinohradska 46
P.O. Box 32
12041 Praha 2 – Vinohrady
Tel.: 0 04 20 / 2 / 21 58 01 11
www.czechtourism.cz

Ungarn
Gefühlvolles Business

Zahlen und Fakten

Fläche:	93 000 km²
Staatsform:	Parlamentarisch-demokratische Republik
Hauptstadt:	Budapest
Verwaltung:	19 Komitate, Hauptstadtbezirk
Amtssprache:	Ungarisch
Bevölkerung:	10 Mio.
Religion:	52% katholisch; 16% calvinistisch-ref.; 3% evangelisch; 0,1% jüdisch
Währung:	Forint
Wirtschaft:	Tourismus, Landwirtschaft, Nahrungsmittelindustrie, Hütten- und Zementindustrie, Chemische Industrie, Maschinen- und Fahrzeugbau
Klima:	Kontinental

Eine Besprechung ist eine Besprechung, egal, ob sie mit Deutschen oder Ungarn stattfindet, sollte man meinen. Oder nicht? Ein Beispiel: Eine deutsche Firma, die in Ungarn produziert, lud die ungarischen Mitarbeiter in die deutsche Zentrale, um zu besprechen, in welchen Schritten die Produktion in Ungarn erfolgen könne. Die Meetings verliefen problemlos. Ein Ungar schlug vor, einen Arbeitsschritt etwas anders zu organisieren, sonst stimmten die Ungarn allem zu. Ein deutscher Teilnehmer war überrascht, dass die Ungarn alles so hinnahmen, aber er beruhigte sich damit, dass ja alle gemeinsam alles besprochen hatten. Also bestellten die Deutschen alles Nötige für die Produktion. Bis plötzlich ein Fax aus Ungarn kam – mit völlig anderen Vorschlägen für die Abfolge der Produktionsschritte. Für die Deutschen eine unverständliche Reaktion, man war sich doch einig gewesen. Dr. Sylvia Schroll-Machl, interkulturelle Trainerin in Deggendorf mit Schwerpunkt Mittel- und Osteuropa, versteht dagegen das Vorgehen der ungarischen Mitarbeiter: „In Ungarn ist man zunächst auf Konfliktvermeidung aus – vor allem auch auf offizieller Ebene, wie es bei einer Besprechung auf fremdem Terrain in Deutschland der Fall ist." Abweichende Meinungen würden eher innerhalb vertrauter Beziehungsstrukturen auf informeller Ebene geäußert. Was also tun? In diesem Fall, rät Schroll-Machl, wäre es sinnvoll gewesen, dass der deutsche Mitarbeiter, der sich über die Zustimmung der Ungarn wunderte, noch einmal aktiv in kleinerer Runde etwa in einer Kaffeepause nach den Vorstellungen der ungarischen Mitarbeiter gefragt hätte.

Liebenswürdige Aufmerksamkeit

Die von jahrhundertelanger Fremdherrschaft geprägten Ungarn misstrauen in der Regel Institutionen, sie sind auch zu schnellem Wechsel in andere Unternehmen bereit. „Der persönliche Kontakt ist auch deshalb äußerst wichtig", weiß die Expertin Schroll-Machl. „Es geht darum, zu vermitteln: ‚Sie sind mir wichtig, ich freue mich bei Ihnen zu sein.'" Deshalb haben persönliche Besuche in Ungarn eine große Bedeutung und Telefonieren ist dem Mailen vorzuziehen. Zur Kontaktpflege rät Schroll-Machl, jede kleine Gelegenheit zu nutzen – wie etwa zum Geburtstag oder zum Namenstag zu gratulieren oder eine gemeinsame Weihnachtsfeier zu organisieren. „Liebenswürdige Aufmerksamkeit" heißt das Stichwort.

Die Frage „Wie nützlich ist eine Person für mich?" steht in Ungarn stärker im Fokus, so die Meinung von Experten. Es wird weniger zwischen Nutzen- und Herzensfreundschaft getrennt als in Deutschland – das kann Deutsche irritieren, die dann nicht wissen, welche Ebene zählt. Deutsche müssen sich auch im ungarischen Geschäftsleben darauf einstellen, dass Gefühle deutlich expressiver ausgedrückt werden. Bei einer kritischen Bemerkung im Personalbeurteilungsgespräch kann es vorkommen, dass männliche ungarische Mitarbeiter zu weinen anfangen.

Für Frauen gilt: Sie geben und kleiden sich betont weiblich. Deutsche Geschäftsfrauen sollten mit galanten Komplimenten rechnen, sie werden damit keinesfalls in ihrer Position abgewertet. Deutsche Männer machen es sich einfacher, wenn sie ebenfalls ein paar Komplimente verteilen und beispielsweise an Blumen für die Sekretärin zum Namenstag denken.

Schroll-Machl rät für Geschäfte in Ungarn zu folgender Vorgehensweise: Im ersten Schritt deutlich machen, dass das Arbeitsergebnis für einen persönlich wichtig ist. Dann erklären, warum das Ergebnis wichtig ist und in welchem Zusammenhang. Weiter überprüfen, ob die ungarischen Partner ihren Teil tatsächlich erfüllen können, da damit zu rechnen ist, dass sie lieber improvisieren würden als zuzugeben, dass sie dazu nicht in der Lage sind. Und schließlich freundlich, keinesfalls preußisch-militärisch kontrollieren, ob die vereinbarten Dinge tatsächlich so erledigt wurden.

> **Last-Minute-Überblick**
>
> → Im ungarischen Business befolgt man zunächst die Strategie „Konfliktvermeidung", Kritikpunkte werden eher auf vertrautem Terrain angesprochen, daher sollte man in kleiner Runde gezielt Meinungen einholen.
>
> → Persönliche Besuche in Ungarn sind extrem wichtig, ist ein Besuch nicht möglich, lieber anrufen als mailen.
>
> → Auch Männer zeigen im Berufsleben deutlich Gefühle.

Ungarische Botschaft
Botschaft der Republik Ungarn
Unter den Linden 74-76
10117 Berlin
Tel.: 0 30 / 20 31 00
www.ungarische-botschaft.de

Deutsche Botschaft in Ungarn
Botschaft der Bundesrepublik Deutschland
Úri utca 64-66
1014 Budapest I
Hungary
Tel.: 00 36 / 1 / 4 88 35-00, -67 (nach Dienstschluss);
      00 36 / 30 / 9 24 17 67 (Bereitschaftsdienst)
www.deutschebotschaft-budapest.hu

Europa und Arabische Halbinsel

Tourismus-Info
Regionaldirektion Deutschland, Ost
Wilhelmstr. 61
10117 Berlin
Tel.: 09 00 / 1 / 86 42 76
www.ungarn-tourismus.de

Russland
Geschäfte brauchen viel Geduld

Zahlen und Fakten	
Fläche:	17 Mio. km²
Staatsform:	Föderation
Hauptstadt:	Moskau
Verwaltung:	Staatsgebiet gegliedert in 89 Territorialeinheiten (Subjekte), Russland besteht aus 21 Republiken, sechs Regionen *(kraya)* und 49 Gebieten *(oblasti)*; innerhalb der Regionen und Gebiete gibt es ein autonomes Gebiet und zehn autonome Kreise *(okrugi)*
Amtssprache:	Russisch
Bevölkerung:	143 Mio.
Religion:	Christentum (russisch-orthodox), Islam, Judentum, Buddhismus
Währung:	Rubel (Kopeken wegen starker Inflation nicht länger im Umlauf)
Wirtschaft:	Maschinenbau, Zucht von Nutz- und Pelztieren, Bauwesen, Transport, Kommunikation, Handel
Klima:	Anteil an kontinentalem Klima im Süden und arktischem Klima im Norden

Russland: Ein großes Land, in dem sich westliche und östliche Einflüsse seit Jahrhunderten mischen. Ein Staat, in dem das politische System und damit verbunden auch das Wirtschaftssystem seit Jahren im Umbruch sind. Nicht mehr Kommunismus pur, aber auch noch nicht flächendeckend Marktwirtschaft nach westlichem Muster. Deutsche, die in Russland beziehungsweise mit Russen Geschäfte machen wollen, zwingt das öfter zum Umdenken.

„Utro" – das war das wichtigste Wort, das Katja Petsch in Russland lernte. Übersetzt heißt es so viel wie „morgen". In ihrer Zeit als Etatdirektorin bei einer international tätigen Werbeagentur verbrachte sie einige Wochen im russischen Tochterunternehmen in Moskau. Ihre wichtigste Erfahrung dabei: „Es passiert alles nicht sofort und nicht dann, wenn man es gern hätte, sondern eben morgen." Professor Olga Rösch, Leiterin des Instituts für Interkulturelle Kommunikation an der Technischen Fachhochschule Wildau bei Berlin bestätigt: „Aus der Sicht deutscher Manager gibt es in Russland oft Probleme mit der Arbeitsorganisation." Die Russen pflegen in der Regel einen lockereren Umgang mit der Zeit als Deutsche. Auch sollte man sich lieber darauf einstellen, dass vertraglich fixierte Termine nicht immer eingehalten werden, meint Russland-Expertin Rösch. Deshalb sollte man freundlich, aber bestimmt immer wieder nach dem Stand der Dinge fragen. Es ist für Russen eben einfach nicht schlimm, wenn es zu Verspätungen kommt. Ines Lehmann, Director Corporate Banking, Trade und Project Finance bei einer internationalen Bank mit starker Vertretung in Osteuropa, weiß aufgrund ihrer jahrelangen Erfahrung mit russischen Geschäftspartnern und ihres in Moskau absolvierten Studiums, dass Russen nicht mit Absicht so handeln. Das Warten auf schriftliche Antwort oder auf Rückrufe hat sie sich abgewöhnt: „Wenn man etwas will, muss man sich auch darum kümmern." Aber über diese Art der Unzuverlässigkeit ärgert sie sich trotzdem. Für die Terminabsprache empfiehlt sie, am besten einen Tag vorher oder am selben Tag anzurufen und zu fragen, ob die Besprechung auch wirklich stattfindet. Doch von den Deutschen erwarten die Russen andererseits, dass sie pünktlich sind und stellen sich darauf ein. „Man sollte sich der Stereotypen bewusst sein, auch die andere Seite ist nicht frei davon", rät Rösch.

Das Problem zerlegen

Katja Petsch hatte den Eindruck: „Man muss ständig nachhaken, pushen und fragen, sonst passiert gar nichts." Und man muss genau erklären, worin der nächste Schritt besteht. Petsch gab beispielsweise einen Computer-Ausdruck in Auftrag. Als sie bei den Mitarbeitern nachfragte, weil er nicht fristgemäß fertig war, stellte sich heraus, dass der Drucker kaputt war. Sich in Eigeninitiative um die Reparatur kümmern? Fehlanzeige. Erst musste offiziell jemand bestimmt werden, der den Drucker wegbrachte und geklärt werden, wer ihn wieder abholt und wie die Reparatur bezahlt wird. „Man muss ein Problem in alle organisatorischen Einzelheiten zerlegen", folgert Werbe-Expertin Petsch. Das Prinzip sei immer das Gleiche, egal ob es um kaputte Drucker oder um Flugtickets geht. Deutsche Assistentinnen und Assistenten sollten sich dabei genau abstimmen und nicht auf vage Angaben der russischen Seite verlassen. Die entsprechende Frage dürfe nicht lauten: „Ist das Flugticket gebucht?", sondern: „Wer hat es gebucht? Wo liegt es? Wie kann es bezahlt werden? Wann und von wem (wegen der Unterschrift) kann es abgeholt werden?" Dabei sollten sich Deutsche jedoch davor hüten, belehrend aufzutreten. Während sie denken, mit sachlich richtigen Informationen helfen zu können, halten die russischen Partner sie für Besserwisser.

Zur besseren Verständigung empfiehlt die Unternehmensberaterin Monika Zabel, sich auch für Kurzbesuche auf jeden Fall das kyrillische Alphabet anzueignen und ein paar Brocken Russisch zu lernen. Monika Zabel ist als internationale Beraterin auch im Bereich „Interkulturelle Teambildung" tätig und hat viele Jahre lang deutsche Unternehmen in Russland betreut. Ihrer Meinung nach helfen Grundkenntnisse in Russisch vor allem auch bei den meist überaus reichhaltigen Geschäftsessen im Restaurant. Vier bis fünf Gänge sind üblich und manchmal wird noch nachgelegt. Mit etwas Russisch kann man höflich zu verstehen geben, dass man nicht mehr möchte, aber auch, dass es sehr gut schmeckt.

Unmengen Wodka: Mythos oder Realität?

Als sehr gastfreundlich hat Katja Petsch die Russen erlebt. Aber man müsse trotzdem nicht alles mitmachen. „Zum Wodkatrinken gehören immer zwei", sagt auch Unternehmensberaterin Monika Zabel. Sie rät: Solange man seine Grenzen noch nicht richtig einschätzen kann, lieber nur am Glas nippen. Insgesamt habe die Vorstellung vom ständigen Wodkatrinken in Russland auch etwas von einem Mythos. Moderne russische Gesprächspartner halten sich eher zurück, denn sie müssen ebenfalls am nächsten Morgen wieder fit sein – das ist die Erfahrung von Monika Zabel, die ihre russischen Geschäftspartner wegen ihrer Ernsthaftigkeit bei der Arbeit schätzt.

„Russen streben in der Regel eine persönliche Beziehung an", weiß Olga Rösch, die selbst in Sibirien geboren wurde, im Kaukasus aufwuchs und als Erwachsene nach Deutschland kam. Im Gegensatz zu Deutschen, bei denen der private Mensch eher hinter seiner gesellschaftlichen Funktion zurücktritt, wollen Russen wissen, mit wem sie es zu tun haben. Das zeigt sich auch bei der Anrede. Die als relativ formal empfundene Anrede Frau (gosposha) beziehungsweise Herr (gospodin) plus Familienname wird unter Russen selten gebraucht.

Üblich ist, jemanden mit Vornamen und Vatersnamen (der zwischen Vorname und Familienname steht) anzusprechen. Wenn der vollständige Name zum Beispiel „Tatjana Ivanovna Loginova" ist, heißt es dann nicht „Frau Loginova", sondern „Tatjana Ivanovna" (was übersetzt soviel heißt wie: „Tatjana, Tochter des Ivans"). Wenn man die russischen Geschäftspartner bereits etwas kennt, sollte man diese Form der Anrede wählen, so Rösch – obwohl von Ausländern auch die Anrede mit „Frau" oder „Herr" nicht als negativ empfunden wird. Und Deutsche sollten nicht zu erstaunt sein, wenn Russen unter Umständen bereits nach dem dritten Wodka zum „Du" übergehen.

Kein Kultur-Chamäleon

Auch Katja Petsch hat bei ihrem Moskau-Aufenthalt festgestellt, dass die russischen Kollegen sehr herzlich auf sie zukamen, nachdem das erste Eis gebrochen war. Vor allem die Frauen begrüßten sie überschwänglich und nahmen sie in den Arm. Auch russische Männer umarmen deutsche Kollegen, fassen sie am Ärmel und kommen ihnen überhaupt physisch sehr nahe. Das ist für Deutsche verwirrend und manchmal sogar unangenehm, weil sie an eine größere räumliche Distanz im zwischenmenschlichen Umgang gewohnt sind. Olga Rösch empfiehlt den Deutschen, die in Russland übliche größere physische Nähe in der Kommunikation und eine – aus deutscher Sicht – etwas schnellere Annäherung in den zwischenmenschlichen Beziehungen nicht mit Freundschaft zu verwechseln. So fiel es Katja Petsch manchmal schwer zu entscheiden, ob es um ehrlich ausgedrückte Zuneigung ging oder ob die Russinnen vielleicht die Beziehung zu ihr vor allem nutzen wollten, um nach Deutschland zu kommen. Nach Meinung der Expertin Rösch sollte man immer damit rechnen, dass der russische Geschäftspartner bei allem „Privatisieren" auch seinen Vorteil sucht und das Interesse seiner Firma nicht aus dem Auge lässt – eventuell auch mit Unkorrektheiten. Nach Erfahrung Röschs irritiert das viele Deutsche, die dann glauben, dass ihr Vertrauen missbraucht worden ist. „Russen und Deutsche leben lediglich nach ihren jeweiligen kulturellen Mustern und setzen die jeweils üblichen Handlungsstrategien ein", sagt Olga Rösch. „Man braucht aber kein Kultur-Chamäleon sein, das erwartet keiner", stellt sie klar.

Russland

Spielregeln beachten

Die Beziehung zu den russischen Partnern wichtig zu nehmen, rät die Unternehmensberaterin und interkulturelle Trainerin Monika Zabel. Deutsche sollten nicht zu distanziert auftreten und menschliche Wärme zeigen. Das bedeutet auch, sich Zeit für den Small Talk in der Aufwärmphase zu nehmen und Geduld zu haben, wenn die russischen Gesprächspartner vom Thema abschweifen. Die Russen fühlen sich sonst leicht überrumpelt und werden schnell misstrauisch. „Erfolg im Geschäftsleben hat man dann", sagt Monika Zabel, „wenn man sich auf die anderen einstellt und nicht mit den eigenen Spielregeln in die fremde Kultur eindringt". Man sollte darauf achten, mit wem man es zu tun hat und sich entsprechend verhalten. Ist der Gesprächspartner jemand aus der neuen russischen Oberschicht, die Reichtum zeigt, oder aus intellektuellen Kreisen, in denen das Zeigen von Wohlstand keine große Rolle spielt? Was zum Beispiel die Kleidung angeht, traf Katja Petsch sowohl auf sehr schicke, teuer angezogene Frauen als auch auf Frauen in einfachen Kleidern. Sie versuchte einen Mittelweg zu finden: nicht zu protzig, aber sehr gepflegt. „Kleidung ist in Russland ein Statussymbol und hat einen größeren Stellenwert als in Deutschland", sagt Olga Rösch.

Networking hat Vorrang

Gerade am Anfang sollte man in Russland nicht nur auf eine bestimmte Person setzen, sondern sich Zeit nehmen und versuchen, das System zu verstehen, davon ist Monika Zabel überzeugt. Wer wen kennt, spielt eine große Rolle. Zu Beginn ist es aber schwer zu durchschauen, wer der richtige Ansprechpartner ist. Schon allein durch die gesellschaftspolitische Umbruchsituation ist nicht leicht zu erkennen, wer überhaupt etwas zu sagen hat und wer auch auf Dauer eine tragfähige Position hat.

In Russland herrscht nach wie vor strenges Hierarchiedenken, Vorgesetzte setzen mehr Gehorsam voraus. Nach Erfahrung von Unternehmensberaterin Monika Zabel verhindern die traditionellen Strukturen mit ihren starken Hierarchien oft den Dialog: „Die Vorgesetzten reden bisweilen inhaltsentleert, das bringt einen nicht weiter." Vieles läuft nur mit Unterschrift und Stempel, wozu oft nur eine einzige Person berechtigt ist. Das kann zu zusätzlichen Zeitverzögerungen führen, wenn diese Person schwer zu erreichen ist. Das starke hierarchische Denken bedeutet auch, dass Assistentinnen und Assistenten dort, wo noch die alten Strukturen Russlands herrschen, keinen hohen Status haben. Sie dürfen in der Regel erheblich weniger entscheiden und arbeiten weniger eigenständig als ihre deutschen Kolleginnen und Kollegen. Zabel empfiehlt deshalb, Assistentinnen und Assistenten, die ihre Vorgesetzten nach Russland begleiten, dort besser als Kolleginnen und Kollegen vorzustellen.

Der Wert von guten Beziehungen vor allem zu Menschen, die in Ministerien die Fäden ziehen, geht in Russland weit über das im Westen übliche Maß hinaus. „Man muss die Leute gut für sich stimmen, damit man im Business existieren darf", sagt Werbe-Expertin Katja Petsch. Die Korruption gehört heutzutage oft zum russischen Alltag, erklären Russland-Experten. Ihr kann man in bestimmten Situationen kaum aus dem Wege gehen: Es wird zum Beispiel bestochen, um trotz eines angeblichen Verkehrsdeliktes weiterfahren zu dürfen, um bestimmte Genehmigungen zu erhalten oder um eine Buchprüfung abzuwimmeln. Wer die Zahlung von Schmiergeldern verweigere und ehrlich bleiben wolle, habe ein Problem. Das sei auch allgemein bekannt, allerdings dürfe man nicht darüber reden, inwieweit man selbst von der Korruption betroffen ist.

Bei Problemen nicht gleich verzagen

Russland-Expertin Rösch hat erlebt, dass Deutsche oft enttäuscht sind, dass es in Russland keine besseren Rahmenbedingungen gibt und dass langfristige Planung aus verschiedenen Gründen so schwierig ist. Zum einen ist die politische und wirtschaftliche Situation immer noch relativ instabil, zum anderen ist die russische Mentalität auf kurzfristigen Nutzen orientiert nach dem Motto „Lieber heute als morgen". „Die Deutschen müssen das Risiko einfach eingehen und in die Beziehung investieren – oder in Sicherheit zu Hause bleiben", meint Rösch. Doch dabei sollten sie nicht alles mitmachen, rät Unternehmensberaterin Zabel. Man sollte zum

Beispiel immer aufpassen, ob einem der Preis für die Verhältnisse angemessen erscheint. So hat sie beim Taxi fahren festgestellt, dass die Russen Respekt zeigen, wenn man sich nicht von ihnen einschüchtern lässt und überhöhte Preise akzeptiert, sondern hart verhandelt.

Sich in Russland als Frau durchzusetzen war für Katja Petsch, die sich selbst als zierliche Person beschreibt, nicht immer einfach: „Ich musste mir Gehör verschaffen und darauf pochen, bei den Entscheidern einen Termin zu bekommen." Zwar sind in Russland berufstätige Frauen akzeptiert, aber auf höheren Ebenen sind sie kaum zu finden. Für die Werbe-Expertin hat sich der Ausflug gen Osten beruflich und persönlich allemal gelohnt: „Es war zwar sehr anstrengend, mühsam und eine ständige Herausforderung, aber die Russen sind mir sehr freundlich entgegengekommen."

Last-Minute-Überblick

→ Kleidung ist ein Statussymbol, gepflegtes Outfit wichtig.

→ Probleme erklären, aber nicht zu belehrend auftreten, freundlich und gezielt nachhaken.

→ Auch im Geschäft zählt die persönliche Beziehung, Networking von Anfang an ist unumgänglich.

→ Sich auf größere physische Nähe in der Kommunikation einstellen.

→ Hierarchisches Denken ist stark ausgeprägt, Assistentinnen und Assistenten besser als Kollegen vorstellen.

Russische Botschaft
Botschaft der Russischen Föderation
Unter den Linden 63-65
10117 Berlin
Tel.: 0 30 / 22 91-110; -129
www.berlin.rusembassy.org

Deutsche Botschaft in Russland
Embassy of the Federal Republic of Germany
Uliza Mosfilmowskaja 56
Moscow, 119 285
Russia
Tel.: 0 07 / 4 95 / 9 37 95 00
www.moskau.diplo.de

Tourismus-Info
Tourism Department, Russian Federation Ministry of Economic Development and Trade
Myasnitskaya Str. 47
Moscow, 107 084
Russia
Tel.: 0 07 / 0 95 / 2 07-71 17
www.russiatourism.ru

Türkei
Von traditionell bis hypermodern ist alles drin

Zahlen und Fakten	
Fläche:	814 578 km²
Staatsform:	Parlamentarische Republik
Hauptstadt:	Ankara
Verwaltung:	81 Provinzen, an deren Spitze ein Gouverneur *(Vali)* als Regierungsvertreter steht
Amtssprache:	Türkisch, Kurdisch (Minderheitensprache)
Bevölkerung:	71,2 Mio.
Religion:	99,8% Muslime; 0,2% Christen
Währung:	Neue Türkische Lira zu 100 Kurus
Wirtschaft:	Landwirtschaft, Textilindustrie, Fahrzeugbau, Chemische Industrie, Maschinenproduktion, Elektrobranche
Klima:	Küsten: mediterranes Klima; Inneranatolisches Hochland: kontinentales Klima

„Es war eine Peinlichkeit sondergleichen, das werde ich nie vergessen!" – Nur zu gut kann sich Renate Klingler an ihre Zeit als Assistentin bei einer internationalen Anwaltskanzlei und den Besuch der Geschäftsleitung eines türkischen Bauunternehmens erinnern, die zu einem Schiedsverfahren nach Deutschland gekommen war. Und dabei hatte Renate Klingler es nur gut gemeint. Beim Metzger hatte sie den Snack für die Verhandlungspause bestellt: belegte Brötchen und Kanapees mit einer Auswahl an Schinken, Leberwurst und verschiedenen anderen Wurstsorten. Doch als sie mit dem Tablett in den Besprechungsraum kam, erstarrte sie, als sie die fragenden Blicke der türkischen Gäste sah. Schlagartig erinnerte sie sich wieder daran, dass Türken als gläubige Moslems in der Regel kein Schweinefleisch essen und entschuldigte sich bei den Gästen. Was dagegen das Thema „Alkohol" angeht, ist die Sachlage bei Bewirtungen nicht so einfach. „Es kommt ganz darauf an, ob das türkische Gegenüber streng-islamisch, türkisch-konservativ oder modern-westlich eingestellt ist", erläutert die aus der Türkei stammende und seit rund 20 Jahren in Deutschland lebende Unternehmensberaterin und interkulturelle Trainerin Dr. Nilüfer Boysan-Dietrich, die auch Trainings in der Türkei durchführt.

Deshalb ist es nicht so leicht abzuschätzen, ob Alkohol getrunken wird oder nicht. Am besten bietet man eine Auswahl alkoholischer und nicht-alkoholischer Getränke wie etwa Wasser, Säfte oder Tee an.

Die Balance von Geben und Nehmen

Wichtig ist auch, die Zeiten des Fastenmonats Ramadan im Blick zu haben, wenn gläubige Moslems erst nach Sonnenuntergang essen. Statt eines Mittagessens sollte besser ein schönes Abendessen organisiert werden. Überhaupt gilt, dass Türken auch abends gern warm essen. Ein kaltes Essen ist nicht so viel wert, erläutert Boysan-Dietrich die Vorliebe ihrer Landsleute. Auf solche Vorlieben einzugehen findet Boysan-Dietrich sehr wichtig, denn „es gibt für Türken nichts Schlimmeres als außerhalb der Heimat zu sein". Die deutschen Gastgeber sollten dem türkischen Gast das Gefühl vermitteln: „Sie sind hier willkommen."

Gastfreundlichkeit ist ein hoher Wert in der Türkei. Es gilt: Wer fremd ist, dem muss geholfen werden, dem darf es an nichts fehlen und der muss so behandelt werden, dass er sich möglichst wie zu Hause fühlt. Für Deutsche ist es in der Türkei manchmal nicht ganz einfach, mit dieser Haltung umzugehen, denn für das richtige Verhältnis von Geben und Nehmen ist ein gewisses Fingerspitzengefühl gefordert. Die richtige Dosis dessen, was man annehmen kann, ist schwer zu bestimmen: „Das ist eines der Hauptprobleme", so Boysan-Dietrich. Wenn ein deutscher Manager oder eine deutsche Managerin in die Türkei kommt, werden die türkischen Mitarbeiter helfen, eine Wohnung zu finden, vielleicht sogar ihr Auto zur Verfügung stellen und Sorge tragen, dass für das Essen des Gastes gesorgt ist. Für Türken, die keine strikte Trennung zwischen Privat- und Geschäftsleben kennen und denen ein persönliches Arbeitsklima wichtig ist, eine Selbstverständlichkeit einem Fremden gegenüber. Deutschen, denen an einer solchen Trennung nach dem Motto „Job ist Job" liegt, sollte bewusst sein, dass die Annahme dieser Freundlichkeiten dann wahrscheinlich in Zukunft eine etwas engere Bindung bedeutet. Schließlich muss man sich auch revanchieren – zum Beispiel mit einer Einladung zu einem schönen Essen nach Hause. Der nächste Schritt bei einer Vermischung zwischen privat und geschäftlich ist dann somit getan. Deutsche Besucher müssen deshalb überlegen, wo ihre individuelle Grenze liegt und wann sie Hilfsangebote lieber auf diplomatische Art und Weise so ablehnen, dass der türkische Partner keinen Gesichtsverlust erleidet. In diesem Zusammenhang rät Hüseyin Özdemir, der als interkultureller Trainer und Berater Unternehmen unterstützt, die geschäftliche Kontakte mit der Türkei pflegen, bei Einladungen ins Ferienhaus oder in ein Hotel nicht sofort abzulehnen. Besser sei es, sich zu bedanken und unverbindlich zu erklären, dass sich später eine Gelegenheit zum gemeinsamen Urlaub finden werde.

Da Türken durch ihr Verständnis von Gastfreundschaft bei Einladungen sehr großzügig sind, sollten sich Deutsche ebenfalls großzügig revanchieren und keinesfalls beim Bezahlen von Essenseinladungen eins zu eins aufrechnen. Patentrezepte gibt Boysan-Dietrich ungern, aber ein Tipp liegt ihr trotzdem am Herzen: „Der Orient liebt den Luxus." Vieles sei einen Hauch luxuriöser als in Deutschland üblich. Das sollte man sich auch für die Wahl der Gastgeschenke bewusst machen, die nach türkischem Verständnis zeigen, wie viel Wert man dem anderen beimisst. Klar, dass dafür vor allem Marken- und Qualitätsprodukte in Frage kommen. Natürlich muss auch der Rang des Beschenkten beachtet werden, da die Türkei, so Boysan-Dietrich „ein hierarchisch ausgefeiltes Land" ist. Türken sind in der Regel höflicher als Deutsche und höhergestellte Türken erwarten schon allein aufgrund ihres Status viel Höflichkeit. Deutsche sollten sich deshalb dafür sensibilisieren und überaus höflich sein – und sich am besten verstärkt an die früher in Deutschland ebenfalls strengeren Höflichkeitsregeln erinnern. Da Teamarbeit in der Türkei noch relativ unüblich ist, ist es für Deutsche allerdings manchmal befremdlich, wie der Chef mit dem Personal umgeht, hat die interkulturelle Trainerin Dr. Anne Dietrich festgestellt. Deutsche Manager sollten in der Türkei nicht zu viel Sympathie für die Untergegebenen zeigen, sonst würden diese „die Anweisungen nur als unverbindliche Möglichkeiten sehen".

Frauen punkten mit Eleganz und Distanz

Was die Hierarchie angeht, muss man auch dafür Sorge tragen, selbst richtig eingeordnet zu werden, zum Beispiel durch korrekte und elegante Kleidung. Denn in der Türkei gilt: „Kleider machen Leute." Gerade für Frauen zählt, auch durch die Wahl der Garderobe seriös zu wirken. Tabu sind zum Beispiel leichte Sommerkleidchen mit Spaghettiträgern. Özdemir warnt außerdem ausdrücklich vor zu kurzen Röcken, zu engen Hosen und zu großzügigen Dekolletés. Feinstrumpfhosen auch bei hochsommerlichen Temperaturen sind vor allem bei Treffen mit hochrangigen Geschäftspartnern ein Muss. Boysan-Dietrich rät davon ab, die türkischen Gastarbeiterinnen, die meist vom Land stammen, als Vorbild zu betrachten. Im Gegenteil: Türkische Frauen sind sehr schick, sehr modern und orientieren sich vor allem an italienischer und französischer Mode. Viele türkische Geschäftsleute sind gut ausgebildet, haben oft im Ausland studiert – nicht wenige auch in Deutschland – und sind modern-europäisch eingestellt. Auf der anderen Seite gibt es jedoch die traditionell islamisch-orientierten Geschäftsleute. Die interkulturelle Trainerin Anne Dietrich empfiehlt weiblichen Türkeireisenden, auf Distanz zu achten und die private und geschäftliche Ebene nicht zu vermischen. Manchmal sei es sogar nötig, den richtigen räumlichen Abstand wieder herzustellen und einen Schritt zurückzugehen. Wenn Frauen nicht von jungen türkischen Männern angeschaut würden, sei das meist keine Missachtung, sondern ein respektvoller Achtungsbeweis, erklärt Anne Dietrich, die mehrere Jahre in der Türkei lebte.

Langsame Annäherung mit traditioneller Höflichkeit

Die Andersartigkeit der Türken zeigt sich zum Beispiel auch darin, dass man auf keinen Fall sofort ins Thema einsteigen sollte: „Da sind Türken sehr empfindlich", weiß Trainer Özdemir. Die Schnelligkeit der Deutschen wird sonst leicht als Überheblichkeit und Taktlosigkeit interpretiert, warnt auch Anne Dietrich. Um sich auf der persönlichen Ebene bekannt zu machen, müssen zunächst Fragen nach dem Befinden, der Anreise und, falls man sich bereits kennt, nach der Familie beantwortet werden. Anne Dietrich betont, dass diese Annäherung mit traditionellen Höflichkeitsformeln keineswegs locker, sondern für deutsche Verhältnisse relativ steif vonstatten geht. Wenn die persönliche Ebene stimmt, sind die Türken treue Geschäftspartner: „Sie machen mit den Leuten Geschäfte, die sie mögen", erläutert Boysan-Dietrich. Türken können sich in der Regel schnell entscheiden und sind auch zuverlässig. Allerdings könnte es schon vorkommen, dass Gespräche länger dauern, Termine nicht eingehalten werden oder es eine Weile braucht, bis es zum Geschäft kommt. Deutsche müssen dann improvisieren, weil Türken „keine Freunde großer methodischer Planung sind", erklärt Boysan-Dietrich.

Gespräche durch die Blume

Auch die Erzählweise ist meist nicht planvoll, sondern von einem indirekten, blumigen Stil geprägt. Boysan-Dietrich hält dafür das Bild der Spirale für zutreffend: „Umstände, die zu einem Ereignis führen, sind so wichtig wie das Ereignis selbst." Für deutsche Ohren klingt das oft wie „Geschwafel", aber den Erzählvorgang durch direkte Fragen abkürzen zu wollen, ist der falsche Weg. Überhaupt sollte man direkte Fragen nur in viele Höflichkeitsfloskeln eingepackt stellen und auf jeden Fall mindestens einen erklärenden Satz vorausschicken, warum und wieso man die Information braucht, wie man sie verwendet und so weiter. Trainerin Anne Dietrich weist darauf hin, dass ein schnelles „Nein" als unhöflich gilt und dass Türken eher mit „Vielleicht" oder „Ich versuche, was mir möglich ist" zu antworten. Deshalb sind offene Fragen nach dem Motto „Wie schätzen Sie die Situation ein?" angebracht. Bei Unklarheiten sollte man am Ende noch einmal nachfragen „Was haben wir konkret für eine Vereinbarung getroffen?", rät Özdemir. Hilfreich sei, eine zukunftsorientierte Haltung einzunehmen und sprachliche Brücken zu bauen, wie etwa „Wir reden später darüber", denn bei Türken stünde eher die langfristige Arbeitsbeziehung im Vordergrund als kurzfristige Erfolge.

Zu den Tabuthemen bei Gesprächen gehört nach Ansicht Özdemirs auf jeden Fall „besserwisserisches Politisieren" und missionarische Bemerkungen à la „Was gut für die Türkei ist". Deshalb sollte man

Themen wie die Kurdenfrage, die Menschenrechte oder die Stellung der Frau im Islam lieber meiden. Wenn man doch unbedingt darüber sprechen will, sind höfliche Fragen angebracht wie etwa „Können Sie mir Ihre Sichtweise erläutern? Wie stehen Sie dazu?" Deutsche sollten Interesse an der Person ihres türkischen Gegenübers signalisieren und eine lobende, positive, anerkennende Haltung an den Tag legen. Ein positives Gesprächsklima erzeugt es auch, respektvoll auf die Rolle Atatürks als Gründer der modernen Türkei einzugehen sowie die türkische Geschichte und das gute Verhältnis zu Deutschland zu würdigen. Auch der technische Fortschritt kann ein gutes Gesprächsthema abgeben, denn die meisten Türken sind stolz auf ihr Wirtschaftswachstum und schätzen den Umgang mit neuen Technologien und modernen Kommunikationsmitteln.

Last-Minute-Überblick

→ Religiöse Sitten sollte man respektieren, auch beim Besuch türkischer Geschäftspartner in Deutschland.

→ Gastfreundlichkeit annehmen und sich revanchieren, zu gut gemeinte Hilfsangebote diplomatisch ablehnen.

→ Höflichkeitsregeln sind ein Muss. Als taktlos gilt, wer im Gespräch zu schnell zum Thema kommt.

→ Die Kleidung sollte seriös und elegant sein, vor allem bei Frauen.

→ Lieber vermeiden: politische Themen wie die Kurdenfrage, die Einhaltung der Menschenrechte oder die Stellung der Frau im Islam.

Türkei

Türkische Botschaft
Botschaft der Türkei
Rungestraße 9
10179 Berlin
Tel.: 0 30 / 27 58 50
www.tuerkischebotschaft.de

Deutsche Botschaft in der Türkei
Embassy of the Federal Republic of Germany
Atatürk Bulvari 114
Kavaklidere
06540 Ankara
Postanschrift:
PK 54
Cankaya
06552 Ankara
Turkey
Tel.: 00 90 / 3 12 / 45 55-100
www.ankara-diplo.de

Tourismus-Info
Informationsabteilung des Türkischen Generalkonsulats
Baseler Straße 35-37
60329 Frankfurt
Tel.: 0 69 / 23 30-81; -82
www.reiseland-tuerkei-info.de

Saudi-Arabien
Religion spielt die zentrale Rolle

Zahlen und Fakten

Fläche:	2,15 Mio. km²
Staatsform:	Absolute Monarchie
Hauptstadt:	Riad
Verwaltung:	Nach einer Verwaltungsreform aus dem Jahr 1993 gegliedert in 13 Provinzen; an deren Spitze stehen ernannte Gouverneure und beratende Gremien
Amtssprache:	Arabisch
Bevölkerung:	26,4 Mio.
Religion:	98% Muslime, 2% Christen und Juden
Währung:	Saudi Riyal zu 20 Qirshes und 100 Hallalas
Wirtschaft:	Förderung und Export von Erdöl und Erdgas
Klima:	Extreme Hitze und Trockenheit

Sagenhaft reiche Ölscheichs – dieses Bild verbindet man vor allem mit Saudi-Arabien. Und sonst? Auch im Zeitalter der Globalisierung zählt dieses Land, dessen Staatsform eine islamisch-arabische Monarchie ist, nach wie vor eher zu den weißen Flecken auf der Landkarte. Es gibt so gut wie keinen Tourismus, Pauschalreisen sind nur in eng gesteckten Grenzen erlaubt. „Saudi-Arabien ist das konservativste aller arabischen Länder", schreiben Gerhard Heck und Manfred Wöbcke in ihrem Buch „Arabische Halbinsel". „Es besitzt keine geschriebene Verfassung, kein Parlament, keine Parteien, keine Gewerkschaften. Das Volk ist von der politischen Willensbildung ausgeschlossen, Wahlen finden nicht statt, die Presse hat ausschließlich ‚stabilisierende' Funktion. Frauen unterliegen zusätzlichen Einschränkungen", so die Autoren. Der König ist absoluter Herrscher, oberster Richter und geistliches Oberhaupt. Anders als von westlichen Kulturen gewohnt, in denen Fortschritt und Veränderung als positiv gesehen werden, zählen in arabischen Kulturen sehr stark die Vergangenheit und die Traditionen. Nach unserem westlichen Verständnis also eine völlig andere Welt mit einer völlig anderen Gesellschaftsform, in die man eintaucht, wenn es darum geht, in Saudi-Arabien oder mit saudi-arabischen Wirtschaftsvertretern in Deutschland Geschäfte zu machen.

Gute Kinderstube zählt

Peter Mayr, Geschäftsführer eines Hamburger Exporthauses für technische Produkte, unterhält seit Jahrzehnten Handelsbeziehungen nach Saudi-Arabien. Dabei einer klar strukturierten Form des Benimms zu folgen, hält Mayr, der zum Vorstand des Hamburger Nah- und Mittelostvereins gehört, für äußerst wichtig. Dazu gehört auch der Respekt vor den Familienoberhäuptern: „Ein Sohn würde seinem Vater niemals widersprechen." Bei Geschäftskontakten habe man im unteren und im mittleren Management zunächst oft mit Libanesen, Syrern und Palästinensern zu tun, die sehr europäisch auftreten. Häufig seien es jedoch Familienunternehmen, und das Treffen mit dem Oberhaupt, zum Beispiel bei einem Vertragsabschluss, ähnle mit seinem zeremoniellen Charakter einem Gipfeltreffen. Dabei immer die korrekte Anrede benutzen, also das, was etwa als Absender in Briefen vermerkt ist („Königliche Hoheit", „Exzellenz"), rät Mayr. Respekt zeigen ist sehr wichtig, ebenso die folgende Benimm-Regel: Beim Sitzen nie die Schuhsohlen zeigen, das gilt als schmutzig. Am besten also nicht mit überkreuzten Beinen sitzen. Auf Deutsche wirken solche Sitten oft schwer verständlich, doch im Kultursystem Saudi-Arabiens haben nonverbale Signale eine viel stärkere Bedeutung als in Westeuropa. Kommunikation ist oft indirekt und funktioniert mehrdeutig.

Beziehung im Vordergrund

„Wir in Deutschland sind eher zielorientiert, Araber dagegen beziehungsorientiert", sagt Béatrice Hecht-El Minshawi vom Beratungsunternehmen Interkult in Bremen. Wenn man etwa einem Geschäftspartner hilft, kann man später auch selbst auf Unterstützung hoffen. Denn es gilt: „Eine Hand wäscht die andere." Der Weg zu einem guten Geschäft sei für Araber sehr wichtig, so Hecht-El Minshawi, währenddessen könnten sich die Beziehung und Vertrauen fürs Business entwickeln. Einladungen zum Kaffee oder Tee sind an der Tagesordnung. Auch wenn Deutsche sich durch die herzliche Gastfreundschaft leicht bedrängt fühlten, sollten sie das ruhig annehmen, rät die Expertin. Denn: So können einen die Araber kennen lernen, das ist für sie sehr wichtig. Auch bei

Saudi-Arabien

zeitaufwändigem Handeln lernen sich die Partner kennen. „Wir sind keine Handelskultur, deshalb fühlen wir uns dabei leicht über den Tisch gezogen", weiß Hecht-El Minshawi. Dabei kommt es darauf an, wie man den Sachverhalt betrachtet. Aus arabischer Sicht ist eben das Verhandeln auch ein Weg zu einem guten Geschäft, bei dem man sich dann irgendwo trifft. Voraussetzung ist dabei natürlich, dass auch die deutsche Seite verhandelt, was aber möglicherweise durch die Kunstfertigkeit der Araber erschwert wird, mehrere Dinge gleichzeitig tun zu können.

Bei Besprechungen sollte man mit nach westlichen Maßstäben „chaotischen Intermezzi" rechnen, meint die Sozialwissenschaftlerin Hecht-El Minshawi, die seit über 30 Jahren als interkulturelle Trainerin und Beraterin arbeitet und sowohl Großunternehmen etwa aus der Elektronik- und Automobilbranche als auch Mittelständler unterschiedlichster Branchen berät. Störungen durch Telefonate, das Unterschreiben von Unterlagen oder das Servieren von Getränken während der Gespräche sind an der Tagesordnung. Wer das allerdings als Zeichen von Machtdemonstration oder mangelndem Respekt einordnet, unterliegt einer Fehlinterpretation. Arabern liegt einfach die „mehrdimensionale Kommunikation".

Bei der Kommunikation sei es wichtig, „einladend, einbeziehend" zu formulieren und zu agieren, sich beispielsweise auf das letzte Telefonat, auf die letzte Begegnung zu beziehen, rät die Business-Expertin. Den deutschen Stil empfinden viele Araber sonst als zu kurz angebunden. Bei Fragen nach der Familie sollte man allerdings sehr vorsichtig formulieren und Fragen nach der Ehefrau verbieten sich für deutsche Männer. „Im Orient gehören Männer zur Außenwelt, Frauen zur Innenwelt", erläutert Hecht-El Minshawi, und diese Innenwelt geht Fremde nichts an. Vorsicht sollte man auch walten lassen bei Gesprächen über Terrorismus und die aktuelle politische Situation und keinesfalls das Gespräch von sich aus darauf bringen. Und falls man direkt danach gefragt wird? Sehr zurückhaltend, sehr verschlüsselt die eigene Meinung sagen, rät die Expertin für Interkulturelle Kompetenz. Und wer über den Islam diskutieren wolle, müsse sich dann schon sehr gut damit auskennen, gibt Arabien-Experte Mayr zu bedenken. Er empfiehlt generell:

„Zwischen den Zeilen hören, nie verbal die Tür zuschlagen, den anderen nicht durch eine unbewegliche Position brüskieren, sondern einen Spielraum lassen." Dazu muss man Zeit aufwenden und sich des Vertrauens der saudi-arabischen Partner würdig erweisen – was oft bei ein, zwei kleineren Geschäften getestet wird. „Nur wenigen gelingt es, eine herzliche Verbindung aufzubauen, möglich ist das erst nach Jahren ersprießlicher Geschäfte für beide Seiten", hat auch Dr. Paul Schiffmann festgestellt. Er ist beim Institut für Interkulturelles Management (Ifim) als Trainer für arabische Länder zuständig. Saudische Investoren oder Kunden sind eher zurückhaltend-distanziert und werden von Anbietern aus aller Welt regelrecht umlagert. Mayr warnt, keinesfalls den Gesprächspartner zu unterschätzen – frei nach dem Motto: Öl ist gleich Geld ist gleich dumm, ungebildet und unerfahren. Viele Araber haben inzwischen sehr gute internationale Ausbildungen.

Die zentrale Rolle der Religion

Der Islam spielt nach wie vor eine zentrale Rolle. „Wir haben oft kein Gefühl dafür, wie wichtig das ist", sagt die Expertin Beatrice Hecht-El Minshawi über die Religiosität, die das Leben der Araber durchzieht und nicht nur Politik und Rechtswesen, sondern auch das Alltagsleben stark beeinflusst. So sollte man zum Beispiel wissen, dass fünfmal täglich gebetet wird und dass dadurch auch der normale Tagesablauf unterbrochen wird. Außerdem stehen während des Fastenmonats Ramadan geschäftliche Fragen im Hintergrund. Man sollte sich informieren, in welchen Zeitraum Ramadan fällt und für diese Wochen keine wichtigen Termine vereinbaren. Schiffmann weist darauf hin, dass Fragen der Ehre in Saudi-Arabien sehr ernst genommen werden. Mit einem Ehrlosen möchte niemand etwas zu tun haben: „Da die Saudis die freie Auswahl haben, werden sie keine Geschäftsbeziehungen mit Leuten eingehen, die sie irgendwann einmal kompromittieren könnten." Bekennende Atheisten sollte man nicht nach Saudi-Arabien schicken und Halskettchen mit Symbolen anderer Religionen wie Kreuz oder Davidstern sollte man vor Antritt der Reise ablegen.

Bei der Einhaltung der diversen Regeln hilft einem ein so genannter „Sponsor". Ihn braucht man, um in Saudi-Arabien Geschäfte zu machen, erklärt Trainer Schiffmann. Der Sponsor verschafft einem die Einladung aus Saudi-Arabien, die nötig ist, um ein Visum zu bekommen. Für das Visum brauchen Frauen unter Umständen eine Extra-Genehmigung. Der Sponsor arrangiert auch die Termine. „Sponsoren haben einen Vertrag, der mehr oder weniger Exklusivität beinhaltet und sie werden am Umsatz beteiligt. Einen Sponsor zu finden ist kein Problem, schwierig ist es, den richtigen zu finden. Viele Sponsoren versprechen, Berge bewegen zu können, nur wenige können dies wirklich", so Schiffmann. Von einem unfähigen Sponsor komme man kaum mehr los, die Abfindungen bei „Scheidung" seien erheblich.

Zu Besuch in Deutschland

Religiöse Regeln spielen auch bei Besuchen arabischer Geschäftsgäste in Deutschland eine Rolle. So sollte man bereits bei der Planung darauf achten, dass die Zeiten für Gebete nicht mit Geschäftsterminen kollidieren. Auch wenn Araber während ihrer Reise offiziell von den Ramadan-Fastenpflichten entbunden sind, sollte man fragen, wie sie es damit halten und darauf eingehen. Da Araber in der Regel nachts meist lange aufbleiben, sollten die ersten Termine keinesfalls vor zehn Uhr morgens, besser noch elf Uhr morgens stattfinden. Und: Essenspausen einhalten und großzügig bemessen. Und unbedingt abends mit den Gästen zum Essen gehen – in ein qualitativ hochwertiges Lokal mit gutem Service, zum Beispiel italienisch oder arabisch, wenn man ganz sichergehen möchte. Will man in ein landestypisch-deutsches Lokal einladen, sollte man persönlich vorher testen, empfiehlt Schiffmann. Denn: „In deutschen Restaurants erklärt der Oberkellner gerne, dass kein Schweinefleisch zum Kochen verwendet wird. Dabei steht häufig ein Schmalztöpfchen auf dem Tisch oder der Salat ist mit Speckwürfelchen angemacht. Das kann das Ende der Geschäftsbeziehung sein, es wird als versuchter Betrug gewertet." Auch Alkohol sollte man nicht auf jeden Fall ausschenken, sondern vorsichtig nachfragen, ob Alkoholisches gewünscht wird. Bei der Unterkunft ist standesgemäße Unterbringung wichtig, eher in einer Suite als in einem Zimmer. Bei der Hotelbuchung sollte sichergestellt werden, dass in der Minibar keine alkoholischen Getränke vorhanden sind, empfiehlt Arabien-Kenner Schiffmann.

Essen: nie mit links

Wer umgekehrt in Saudi-Arabien zu Besuch ist und dort von einem Geschäftspartner zum Essen nach Hause eingeladen wird, sollte damit rechnen, dass mit den Händen gegessen wird. Da in arabischen Ländern die linke Hand als die „unreine" Hand gilt, zum Essen unbedingt nur die rechte benutzen. Linkshänder sollten das Problem ansprechen und erklären, dass sie nicht gelernt haben, die rechte Hand zu benutzen und dass ihre linke Hand eine „saubere" ist, empfiehlt Hecht-El Minshawi. Das traditionelle Essen besteht aus einem Berg Reis, auf dem Leckereien drapiert sind. „Dabei nicht in den Sektor des Nachbarn greifen, um sich eine besondere Leckerei zu nehmen, es sei denn, diese wird explizit angeboten", rät Schiffmann. Und: Es wandert nie etwas zurück, also nur so viel nehmen, dass der Bissen komplett im Mund verschwinden kann.

Schwieriges Kapitel: Geschäftsfrauen

Dass eine ausländische Geschäftsfrau an einem solchen Essen teilnimmt, ist allerdings nicht an der Tagesordnung. „Saudi-Arabien ist das Land, das für Frauen wohl das schwierigste ist, wenn es um Geschäfte geht", sagt Trainer Schiffmann. Anders als in Ägypten und besonders dem Libanon, wo es auch Geschäftsfrauen und weibliche Managerinnen bei staatlichen Stellen gibt, oder in den Emiraten und in Dubai, wo Frauen durchaus Geschäfte machen und selbst aktiv auftreten könnten, spielen Frauen im öffentlichen Leben in Saudi-Arabien so gut wie keine Rolle. Ihnen ist bislang sogar das Auto fahren verboten. Auch ausländische Frauen müssen ein Taxi nehmen oder ein Auto mit Fahrer mieten. Nach Schiffmanns Erfahrung werden ausländische Frauen als Geschäftspartner in der Regel nicht akzeptiert und bekommen einfach keine Termine. Mitreisende Sekretärinnen würden nicht ins Land gelassen. Männer und Frauen könnten nur dann zusammen reisen, wenn sie eine beglaubigte und übersetzte Heiratsurkunde mitführen. Die Trainerin Hecht-El

Saudi-Arabien

Minshawi ist dagegen anderer Meinung: Auch wenn ausländische Frauen im saudi-arabischen Geschäftsleben kaum eine Rolle spielen, so ist es doch möglich, dass sie dort Geschäfte machen und auch gemeinsam mit Männern dort auftreten. Da Lebenserfahrung respektiert wird, sollte es allerdings besser eine ältere Frau sein, rät die Expertin. Der deutsche Vorgesetzte sollte seine Mitarbeiterin auf jeden Fall mehrmals telefonisch ankündigen und dabei seine Wertschätzung für sie als Fachperson zum Ausdruck bringen. Am besten geeignet wäre dazu zunächst ein gemeinsamer Besuch. Dabei gilt: „Eine Frau hält sich zurück, spricht nicht dominierend und nur, wenn sie gefragt wird." Nach Ansicht von Helene Rang, die als Geschäftsführerin des Nah- und Mittelostvereins schon oft nach Saudi-Arabien gereist ist, hat sich die Situation in Saudi-Arabien in den letzten Jahren stark gewandelt und wandelt sich auch weiterhin: „Frauen sollten sich genau erkundigen, was gerade üblich ist." Sie ist gern bereit, Fragen von Geschäftsfrauen dazu zu beantworten (Adresse siehe Serviceteil, S. 215).

Ausdrückliche Kleidungsvorschriften gibt es nicht, aber Business-Frauen sollten ein farblich gedecktes Kostüm mit einem längeren, nicht zu engen Rock übers Knie oder bis zum Knöchel tragen. Dazu Feinstrumpfhosen und flache Schuhe. Lange, wallende Haare gelten im Orient als erotisches Schönheitszeichen, deshalb lieber ein Tuch darüber tragen oder einen Zopf machen, rät Hecht-El Minshawi. Als westliche Frau einen Schleier zu tragen, findet sie nicht grundsätzlich angebracht, schließlich gelte es, die Kultur zu respektieren, aber nicht zu imitieren. Helene Rang empfiehlt trotzdem, für alle Fälle den traditionellen schwarzen Schleier mit sich zu führen. Rücksicht nehmen sollten Europäerinnen auch auf die andere Art der Kommunikation zwischen den Geschlechtern. Das heißt etwa, beim Blickkontakt Männern gegenüber vorsichtig zu sein, rät Expertin Hecht-El Minshawi. Für uns sei es normal, den anderen beim Reden anzuschauen, Araber könnten das jedoch als Koketterie missverstehen, also lieber „etwas um den Kopf des Gesprächspartners herum gucken".

Doch Gespräche mit Saudis müssen nicht zwangsläufig in Saudi-Arabien stattfinden. Nach Erfahrung von Trainer Schiffmann kommen Saudis gern für Verhandlungen nach Dubai. Dort gibt es

Niederlassungen westlicher Firmen, die Saudi-Arabien mitbetreuen. Es herrscht überwiegend englische Business-Kultur und es gilt: „In Dubai geht fast alles, was in Saudi-Arabien nicht geht."

Last-Minute-Überblick

→ Nonverbale Signale sind wichtig, Benimm und Respekt noch wichtiger.

→ Das Business ist beziehungsorientiert, bei Einladungen zum Essen will man den deutschen Geschäftspartner kennen lernen.

→ Religiöse Regeln und Ehrgefühle unbedingt respektieren, Themen wie Islam, Politik oder die Stellung der Frau nicht ansprechen.

→ Tabu: sich nach der Ehefrau des Geschäftspartners erkundigen.

→ Europäische Geschäftsfrauen müssen sich auf schwieriges Terrain vorbereiten.

Saudi-arabische Botschaft
Botschaft des Königreiches Saudi-Arabien
Kurfürstendamm 63
10707 Berlin
Tel.: 0 30 / 88 92 50

Deutsche Botschaft in Saudi-Arabien
Embassy of the Federal Republic of Germany
P.O. Box 94001
Riyadh 11693
Saudi Arabia
Tel.: 0 09 66 / 1 / 4 88 07 00
www.riad.diplo.de

Saudi-Arabien

Tourismus-Info
Fremdenverkehrsamt der Vereinigten Arabischen Emirate
Department of Tourism and Commerce Marketing UAE
Bockenheimer Landstraße 23
60325 Frankfurt
Tel.: 0 69 / 7 10 00 20
www.saudinf.com

USA
Locker und mit Enthusiasmus an die Sache

Zahlen und Fakten	
Fläche:	10 Mio. km²
Staatsform:	Präsidiale Bundesrepublik mit bundesstaatlicher Verfassung
Hauptstadt:	Washington D.C. (District of Columbia)
Verwaltung:	Staat mit Bundes (Federal)-, Landes (State)-, Kreis (County)- und Gemeindeverwaltung; innerhalb der USA derzeit 50 Bundesstaaten
Amtssprache:	Englisch, regional auch Spanisch
Bevölkerung:	292 Mio.
Religion:	62% der Bevölkerung gehören 238 Religionsgemeinschaften an: 27,5% protestantische Gemeinschaften (Baptisten, Methodisten, Lutheraner, Presbyterianer); 26% Katholiken; 2,6% Juden
Währung:	US-Dollar zu 100 Cents
Wirtschaft:	Banken- und Finanzdienstleistungen, Abbau von Erdöl, Erdgas und Steinkohle, Metallgewinnung und -verarbeitung, Flugzeug- und Fahrzeugbau, Computer- und Elektronikindustrie, Rüstungsindustrie
Klima:	Hauptsächlich warm- und kühlgemäßigtes Klima

„Ich habe mich dort das erste Mal wirklich als Europäer gefühlt", sagt Ulrich Spindler, der als Physiker bei der deutschen Tochterfirma eines amerikanischen Bekleidungsunternehmens arbeitet und öfter zur Mutterfirma vor Ort in die USA reist. „Ich machte die Erfahrung, dass ich mit einer Bulgarin, mit Franzosen und Italienern, die ich dort kennen lernte, wesentlich mehr kulturelle Gemeinsamkeiten hatte als mit den Amerikanern." Für ihn war es sehr wichtig, sich bewusst zu machen, dass sich Amerikaner und Deutsche kulturell wenig ähneln, obwohl es äußerlich sehr danach aussieht. „Erst wenn man das begriffen hat, kann man sich die Unterschiede klar machen und damit umgehen lernen", erkannte Spindler. Vor allem sollte man das bei der Kommunikation beherzigen. Der Umgangston ist in den USA locker und humorvoll und nach kurzer Zeit spricht man sich mit dem Vornamen an. Das ist eine kulturelle Norm, aber kein Zeichen von Intimität oder gar Vertrautheit, die Kritik erleichtert. Im Gegenteil, meint Spindler: „Amerikaner vermeiden

Konfrontationen in Gesprächen. Alle Teilnehmer überspielen sie mit Scherzen und mildern sie ab, sollten sie dennoch auftreten. Als Deutscher bekommt man das gar nicht mit und wundert sich, dass nicht wenigstens ab und zu Tacheles geredet wird. Man muss sehr zwischen den Zeilen lesen beziehungsweise hören, um die Kritik zu erkennen. Wenn man selbst Kritik äußert, muss man sich sehr zurücknehmen und wird dann für amerikanische Ohren meist trotzdem noch sehr harsch klingen."

Wenn man kritische Punkte ansprechen möchte, dann unbedingt sandwichartig verpackt mit Lob davor und danach. Bei sensiblen Sachverhalten sollte man E-Mails vor dem Absenden lieber noch einmal von Amerikanern gegenlesen lassen. Amerikaner sind sehr harmoniebedürftig. Wenn die eigene Meinung nicht weich genug verpackt ist, kann das in den USA geschäftliche Beziehungen ruinieren, warnen Experten. Üblich ist stattdessen: loben, loben und nochmals loben. Amerikaner geizen nicht mit Anerkennung, erwarten aber auch selbst positives Feedback. Am besten steigt man gleich mit einem Lob über die schöne Umgebung, ein Detail der Kleidung oder das leckere Essen in die Small-Talk-Phase zu Gesprächsbeginn ein. Vorsichtig geäußerte Kritik wird als positive Motivation verstanden: „You could have done better." Der interkulturelle Trainer Bastian Broer sagt: „Small Talk is Big Talk", er gehört zum Business. Man soll ihn unbedingt ernst nehmen und auch selbst ein paar Themen parat haben. US-Sportarten wie Baseball eignen sich gut dafür, aber auch die neuesten Kinofilme. Der Small Talk dient dazu, vorsichtig abzuklopfen, worüber man mit dem Gegenüber reden kann, bei welchen Themen ähnliche Meinungen zu erwarten sind und bei welchen gegensätzliche Auffassungen vorherrschen, hat Spindler bei seinen USA-Besuchen festgestellt.

Freundlichkeit ist kein Anbiedern

Am Anfang steht immer die Frage „How are you?", „How are you doing?" oder das saloppere „How is it going?" Eine tief schürfende Auskunft über die eigene Befindlichkeit wird dabei nicht erwartet. Ein schlichtes „Fine, thank you, how about you?" oder „Excellent, and yourself?" reicht als Antwort völlig aus. Auch am Telefon

USA

plaudern Amerikaner gleich sehr locker. „So kommt man auch als Neuer schnell ins Gespräch", sagt der Amerikaner James Bennett. Der Direktor eines Consultingbüros für Entwicklungspolitik lebt seit 30 Jahren in Deutschland und empfiehlt Deutschen, sehr freundlich zu sein und höflich auf den anderen zuzugehen. Er hat festgestellt, dass sich Deutsche oft reservierter verhalten als Amerikaner: „Freundlichkeit wird als Anbiedern missverstanden, zu viel Kontaktpflege als unangemessen." Oder Deutsche erwarten dann gleich, dass sich eine richtige Freundschaft entwickelt, während Amerikaner nur entgegenkommend waren und es dem anderen auf unkomplizierte Art leicht machen wollten.

Unkompliziert ist in den USA auch der Umgang mit Titeln. Sie werden außer auf Geschäftspapieren so gut wie nie verwendet. Ein Dr. ist ein Mediziner. Statt der formalen Ausbildung zählt eher, ob jemand gute Arbeit leistet. Hierarchien fallen wegen des lockeren Umgangstons weniger auf. „Es ist ziemlich leicht, mit Vorgesetzten zu sprechen, die mehrere Stufen über einem stehen, falls man es für nötig hält. Amerikaner sind sich auch grundsätzlich nicht zu fein, mit Mitarbeitern, die in der Hierarchie weit unter ihnen rangieren, ein paar freundliche und lobende Worte zu wechseln", beobachtete Spindler. Gleichwohl existieren Hierarchien und drücken sich auch in Statussymbolen wie etwa dem Chefzimmer mit großer Fensterfront aus. Und letztlich ist der Vorgesetzte auch derjenige, der die Entscheidung fällt. Die jeweilige Position ist also sehr wohl wichtig. Wenn man den Begriff dafür übersetzen muss, sollte man sicherstellen, auch den richtigen Status wiederzugeben. Amerikaner gehen grundsätzlich ganz pragmatisch vor und stellen sich die Frage „What's in it for me?", also „Was habe ich davon?", sagt der interkulturelle Trainer Bastian Broer. Diese Haltung macht für Deutsche die Teamarbeit mit Amerikanern oft schwierig. So wird in den USA vor allem dann im Team gearbeitet, wenn jeder etwas davon hat – es ist ein Zusammenschluss von Leuten, die sich gegenseitig nutzen. In Deutschland dagegen gehört zur Teamarbeit auch der Glaube an das gemeinsame große Ganze. So hat Broer beispielsweise erlebt, dass die Einführung des Computerprogramms SAP in einer amerikanischen Tochterfirma mit erheblichen Schwierigkeiten verbunden war – was die deutsche Seite schwer nachvollziehen konnte. Aber für diese Tochterfirma stellte es einfach keinen Wert dar, für das Unternehmen ein einheitliches System einzuführen. Es hätte stärkere Überzeugungsarbeit geleistet werden müssen, dass die Einführung eines gemeinsamen Systems auch für die Mitarbeiter in den USA Vorteile bringt. So kommt es auch immer wieder vor, weiß Broer, dass bei Nachwuchskräftetrainings in Deutschland die entsprechenden Mitarbeiter aus den Niederlassungen in verschiedenen Ländern eingeladen werden. Oft ist dann keiner der amerikanischen Kollegen anwesend. Dem einzelnen Mitarbeiter ist nicht klar genug, wie er von der Reise profitieren könnte.

Erst starten, dann weitersehen

Ein anderer Konfliktpunkt bei der Teamarbeit von Deutschen und Amerikanern liegt in der generell unterschiedlichen Herangehensweise an Aufgaben. Die PR-Beraterin Carla Kleinjohann hat in der Zusammenarbeit mit amerikanischen Partnern erlebt, dass Deutsche oft schon vor dem eigentlichen Projektstart auf Probleme und Gefahren hinweisen und sicherheitshalber schon im Vorfeld „notwendige Rezepte" in der Schublade haben möchten. Dafür gelten deutsche Manager in den Augen der Amerikaner oftmals als pedantisch und werden manchmal als „Hemmschuh" oder gar „Verhinderer" empfunden. Im Gegensatz dazu sind die Amerikaner weitaus pragmatischer und agieren eher nach dem Motto „Wir fangen erst einmal an, Dinge verändern sich ohnehin und dann kann immer noch entschieden werden, was zu tun ist". „Beide Vorgehensweisen haben durchaus ihre Berechtigung", findet Kleinjohann. „Schöner Lerneffekt im Umgang miteinander ist, wenn man sich bemüht, die Argumente der anderen Seite zu verstehen, und sich in der Mitte trifft."

Wie wichtig positives Selbstmarketing in den USA ist, wurde Kleinjohann nach und nach klar: „Amerikaner sind Enthusiasten. Sie sind über alles Mögliche schnell begeistert und vermögen selbst zu begeistern. Und sie erwarten eigentlich immer positive Antworten. In den USA ist stets alles gleich ‚great' oder ‚outstanding'. Dabei kann man nach deutschen Maßstäben manchmal getrost die Hälfte abziehen", sagt Kleinjohann. „Als Deutsche war ich in dieser Hinsicht früher eher zu zurückhaltend. Die Beschreibung meiner Ausbildung und beruflichen Erfahrungen entsprach exakt dem, was ich tatsächlich vorzuweisen hatte." Um von Amerikanern nicht unterschätzt zu werden, ist es aber notwendig, sich auf deren Kommunikationsstil einzustellen und seine Kompetenz möglichst im optimalen Licht darzustellen. Das gilt auch im täglichen Umgang miteinander. Statt wie früher beim Bericht über einen Projektstatus zu erklären, dass es keine wirklich erwähnenswerten Entwicklungen und insofern auch keinen Neuigkeiten gibt, weiß die PR-Expertin es heute besser und lässt amerikanische Geschäftspartner auch an für sie eher „unwichtigen Details" partizipieren. Früher habe sie solche Einzelheiten für den Projektverlauf nicht für sonderlich erwähnenswert gehalten. „Amerikaner wollen einfach nur sicher sein, dass etwas vorangeht und wissen, was gemacht worden ist – und das sollte kurz geschildert werden. Probleme sind dabei kurz und knapp darzustellen, immer aber mit dem Ausblick, dass sie zu managen sind."

Präsentation ist Show!

Das ist auch bei Vorträgen wichtig. Präsentationen sollten professionell aufbereitet sein und dem neuesten Stand der Technik entsprechen. Statt langweilige Zahlenkolonnen zu referieren, ist es wichtig, die Zuhörer auch gut zu unterhalten. Das heißt locker auftreten, sich selbst nicht zu ernst nehmen und am besten gleich mit einem Witz starten. Amerikaner machen aus jedem Vortrag eine Show! Mit dem Buchtitel „Wir amüsieren uns zu Tode" hat der amerikanische Gesellschaftskritiker Neil Postman dieses Phänomen auf den Punkt gebracht. Auch bei einem Vortrag zeichnet man sich in amerikanischen Augen nicht durch eine umfangreiche Problemanalyse als Experte aus, sondern durch eine knappe Definition und einen überzeugenden Maßnahmenkatalog. Nachdem die Deutschen in Amerika nicht gerade für überragende Service-Mentalität bekannt sind, ist auch die Präsentation eines umfassenden After-Sales-Konzepts wichtig.

Amerika

Egal ob Small Talk oder Vortrag, tabu sind dabei Themen aus den Bereichen Politik, wie etwa der Irak-Krieg, Sexualität und Krankheit. Natürlich sollte man auch amerikanische Religiosität nicht als Fundamentalismus bezeichnen oder deutlich machen, dass Europäer sowieso viel gebildeter seien. Überhaupt ist politisch korrektes Verhalten zwingend: Es gilt alles zu vermeiden, was diskriminierend wirken könnte – egal, ob es sich um Bemerkungen über Hautfarbe, Nationalität, Rasse, Geschlecht, Alter, Herkunft oder sexuelle Orientierung handelt. So sollte man auch zum Business-Essen nicht einen gegengeschlechtlichen Kollegen oder Kollegin allein einladen. Das wird leicht falsch ausgelegt – noch dazu, wenn der Einladende in der Hierarchie höher steht. Ansonsten ist es beim Dinner wichtig, sich nach dem Dessert oder Kaffee auch wirklich zu verabschieden, das rät Ralf Lang, der in den USA mehrere Jahre im IT- und Finanzbereich gearbeitet hat. „Wenn das Dinner von 5:30 pm bis 7 pm geht, dann dauert es auch nicht länger. Man sollte sehen, dass man rechtzeitig zum (Business-)Punkt kommt. Amerikaner sind in dieser Hinsicht pünktlicher und zielorientierter als Deutsche, die sich beim dritten Glas anfreunden." In den USA ist allgemein die persönliche Beziehung zum Geschäftspartner nicht so wichtig wie das Erreichen der Verhandlungsziele, hat Lang festgestellt. Es zählt vor allem die kurzfristige Zielerreichung: Der „return on investment" muss schnell passieren.

Effektives Besuchsprogramm

Im übertragenen Sinn gilt das auch für Besuche amerikanischer Geschäftspartner in Deutschland. Effektivität zählt nicht nur für die Meetings, sondern auch beim Besuchsprogramm. Anders als Deutsche im Ausland, die lieber mit viel Zeit Skurriles entdecken, möchten Amerikaner in möglichst kurzer Zeit möglichst viel sehen. Die Details sind dabei nicht so wichtig. Für eine Stadtbesichtigung in Köln hieße das beispielsweise: zehn Minuten für den Dom einzuplanen, eine Viertelstunde für die Altstadt am Rhein und eine Viertelstunde für eine Flussfahrt.

USA

Was amerikanische Essgewohnheiten angeht, so ist für Deutsche auffallend, dass die linke Hand auf dem Schoß ruht und die rechte die Gabel hält. Und mit „Double Dip" kann man sich als ungehobelter Gast aus Europa outen. Also nie so genanntes „Finger Food" in die gemeinsame Cocktailsauce tauchen, nachdem man schon einmal abgebissen hat. Unüblich ist es auch, tagsüber Alkohol anzubieten, denn der Gruppenzwang könnte jemanden zum Mittrinken verführen. Business-Kleidung ist eher einen Tick konservativer als in Deutschland. Für Frauen gilt, egal wie heiß es auch sein mag: immer Feinstrumpfhosen tragen. Und ein weiteres absolutes Muss: rasierte Beine. Außerdem wichtig: Rechtzeitig das Hemd wechseln, Amerikaner sind sehr sauberkeitsbewusst und geruchsempfindlich.

Als grundsätzlichen Unterschied zwischen Amerikanern und Deutschen sieht Lang aufgrund seiner USA-Erfahrung das amerikanische Pionier-Erbe an, das im Business mehr Selbstständigkeit und Eigenverantwortlichkeit verlangt. Amerikaner sind eher bereit, zu wechseln und sich einen neuen Job zu suchen, wenn es nicht mehr gut läuft. Dafür ziehen sie auch bereitwillig um. Beim Business ist die einzige „Ideologie": „Let's get it done." Das führt auch zu einer geringeren psychologischen Belastung, wenn's mal schief geht. Die Arbeit ist eher Job und nicht Beruf(ung), das heißt, sie ist Mittel zum Zweck und weniger aufgeladen mit Selbsterfüllungsvorstellungen. Diese Haltung bestätigt eine Studie der Fachhochschule Ludwigsburg und der University of Oklahoma. Der Befragung zufolge ist die Zufriedenheit der US-Manager mit ihrer Arbeit niedriger als die der Deutschen. Dennoch leiden die Amerikaner insgesamt weniger häufig unter dem Burn-out-Syndrom. Das deutet darauf hin, so die Studie, dass amerikanische Manager mehr Distanz zu ihrer Tätigkeit aufbauen als Deutsche.

Amerika

Last-Minute-Überblick

→ Kritik wird trotz lockerem Umgangston nicht direkt geäußert, sondern in Lob verpackt.

→ Ein Projekt startet man direkt und pragmatisch, vorher schon an Probleme zu denken gilt als deutsche Hemmschuh-Mentalität.

→ Kompetenz in optimalem Licht präsentieren, alles mit Unterhaltungswert inszenieren.

→ Politische Korrektheit ist ein Muss. Man sollte darauf achten, dass sich niemand diskriminiert fühlen könnte.

→ Business-Kleidung eher konservativ wählen, Frauen bitte mit Feinstrumpfhosen!

→ Persönliche Beziehungen sind im Business nicht so wichtig, es geht darum, Ziele kurzfristig zu erreichen.

Amerikanische Botschaft
Botschaft der Vereinigten Staaten von Amerika
Neustädtische Kirchstraße 4-5
10117 Berlin
Tel.: 0 30 / 8 30 50
www.usembassy.de

Deutsche Botschaft in den USA
Embassy of the Federal Republic of Germany
4645 Reservoir Road NW
Washington DC 20007-1998
USA
Tel.: 0 01 / 2 02 / 2 98 81 40
www.germany-info.org

USA

Tourismus-Info
International Trade Administration, Tourism Industries
US Department of Commerce
1401 Constitution Avenue
Washington DC 20230
USA
Tel.: 0 01 / 2 02 / 4 82 20 00
www.tinet.ita.doc.gov

Mexiko
Vieles ist eine Sache der Ehre

Zahlen und Fakten	
Fläche:	1,9 Mio. km²
Staatsform:	Präsidiale Bundesrepublik
Hauptstadt:	Mexiko-Stadt *(Ciudad de México)*
Verwaltung:	Gliederung in 31 Bundesstaaten und den Bundesdistrikt *(Distrito Federal)*, den Sitz der Bundesverwaltung
Amtssprache:	Spanisch
Bevölkerung:	105 Mio.
Religion:	87% Katholiken; 7,5% Protestanten; Mormonen; Zeugen Jehovas
Währung:	Nuevo Peso (Neuer Peso) zu 100 Centavos
Wirtschaft:	Produktion von Maschinen und Elektronikausrüstung, Verarbeitung von Metall, Baumwolle, Tabak und Zucker, Herstellung von Papier
Klima:	Im Süden tropisches Klima, im Norden subtropisches; klimatische Unterschiede je nach Höhenlage

„Vorgesetzten gegenüber gibt es zumeist angepasstes Verhalten und demonstrierte Loyalität", sagt Monika Zabel, eine international tätige Trainerin für Interkulturelle Kompetenz und unter anderem Mexiko-Expertin. Hierarchien haben in Mexiko eine wesentlich höhere Bedeutung als in Deutschland. Es ist üblich, dass der Chef die Initiative übernimmt und im Gespräch mit seinen Mitarbeitern auch die Themen vorgibt. Trotzdem sind solche Gespräche auf eine bestimmte Art und Weise lockerer als in Deutschland. Die Hierarchie darf zwar nie außer Acht gelassen werden, aber die Themen sind persönlicher, es gibt keine so klare Trennung zwischen Berufs- und Privatleben. Man spricht nicht nur über Fußball, sondern auch über die Familie und über Privates. Als Einstieg für solche Gespräche ist es nützlich, Fotos des Ehepartners, der Kinder oder auch der Eltern mitzunehmen, um sie dann bei passender Gelegenheit präsentieren zu können, rät Zabel.

Achtung: Der räumliche Abstand zwischen Gesprächspartnern ist geringer als in Deutschland und Zurückweichen kann als distanzierte

Haltung ausgelegt werden. Es lohnt sich, sich auf die etwas andere Gesprächskultur einzustellen, Deutsche gelten sonst leicht als „Blockheads", die unflexibel und gefühllos immer nur an Business denken, weiß Zabel. Sie rät Deutschen, die erfolgreich in Mexiko arbeiten wollen: „Versuchen Sie zu erkennen, wer mit wem gut kann, wie die Netzwerke funktionieren." Vermeiden sollte man es, vor anderen eine abweichende Meinung sofort laut zu äußern. Ablehnung besser nicht direkt, sondern vorsichtig formulieren wie etwa „Das ist ja interessant". Aber man sollte sich dabei nicht verdrehen oder gar versuchen, zu einem Mexikaner zu mutieren, sondern seine persönliche Note beibehalten.

Es ist wichtig, für sich zu analysieren, inwieweit die Geschäftspartner, auf die man trifft, relativ amerikanisch geprägt oder eher traditionell-mexikanisch eingestellt sind. Je nachdem muss man aufpassen, dass man bei Unterhaltungen keine interkulturellen Konfliktthemen berührt. Tabu sind die Themen Politik und Religion sowie Äußerungen zu ethnischen Fragen wie etwa zur Lage der indigenen, also der eingeborenen Bevölkerung im Süden Mexikos.

Das Prinzip Höflichkeit und Hierarchie nutzen

Gerade jüngere deutsche Mitarbeiter sollten nicht zu dynamisch auftreten: Mexikanische Gastgeber haben immer das erste Wort. Deutsche Gäste sollten warten bis sie aufgefordert werden, Platz zu nehmen und dann erst zu sprechen beginnen, nachdem der Gastgeber das Gespräch eröffnet hat. Bei Telefonaten ist darauf zu achten, ob der mexikanische Geschäftspartner seine Sekretärin anrufen lässt. Wenn das der Fall ist und man selbst nicht von einer Assistentin unterstützt wird, bittet man besser einen Kollegen oder eine Kollegin, die Verbindung herzustellen. Das ist keinesfalls ein unwichtiges Detail. Denn: „Sonst wertet man sich dem anderen gegenüber selbst ab und gerät in eine schlechtere Position", sagt Monika Zabel. Auch formvollendet korrekte Kleidung unterstreicht den geschäftlichen Status. Was die Verwendung von Titeln angeht, herrschen in Mexiko fast österreichische Verhältnisse. „Nur für den, der auf der Visitenkarte zumindest die Abkürzung ‚lic.' für licenciado, also einen Abschluss in Wirtschaftswissenschaften, oder

Mexiko

‚eng.' für ein Diplom als Techniker oder Ingenieur vorweisen kann, beginnt die Menschwerdung", erläutert Mexiko-Kennerin Zabel. Für das mittelamerikanische Land also eventuell neue Visitenkarten drucken lassen und dabei Ausbildungen an Berufsakademien und Fachhochschulen großzügig aufwerten, raten Experten.

Andere Gepflogenheiten gelten auch beim Thema „Pünktlichkeit": „Warten lassen ist ein Machtinstrument", erklärt Zabel. „Wichtige Meetings beginnen zumeist pünktlich, deshalb sollten Sie nicht zu lange warten. Wer nach einer Stunde immer noch da ist, gilt als Tölpel, der nichts Besseres zu tun hat." Es ist besser, sich nach einer halben bis einer Dreiviertelstunde freundlich zu verabschieden und darauf hinzuweisen, dass ein anderer Zeitpunkt wohl günstiger ist. „Auf keinen Fall wütend werden", warnt Zabel, „so verlieren Sie nur Ihr Gesicht und machen sich leicht Feinde."

E-Mails sollte man erst dann schreiben, wenn man sich schon etwas persönlich kennt und dabei genau darauf achten, in welchem Stil der Partner schreibt. Gut kommen E-Mails an, die freundlich, respektvoll und etwas indirekt formuliert sind. Die elektronische Post sollte nie zu kurz und knapp gehalten sein. Briefe sind meist überaus formell mit sämtlichen Höflichkeitsformeln abgefasst.

Termine realistisch ansetzen

Bei Verhandlungen wird insgesamt weniger schriftlich festgehalten als in Deutschland. Das kann schwierig werden, wenn das deutsche Mutterunternehmen auf schriftlichen Vereinbarungen besteht, weiß Monika Zabel. In solchen Fällen rät sie, Termine nicht einfach festzusetzen, sondern vorher bei den Mexikanern ausführlich nachzufragen, was sie für realistisch halten. „Sonst läuft man Gefahr, dass die mexikanische Seite irgendeinem Termin zwar zustimmt, sich dabei aber denkt ‚Die werden schon rechtzeitig merken, dass das bis dahin nicht funktioniert.'" Zabel hat die Erfahrung gemacht, dass Mexikaner auch dann Dinge zusagen, wenn sie sie gar nicht einhalten können. Es herrscht insgesamt weniger Planungssicherheit als in Deutschland. Deshalb geht man üblicherweise davon aus, dass man das Gespräch noch einmal neu aufnimmt, wenn sich etwas ändert oder etwas nicht funktioniert. Auf Verträge sollte man sich jedenfalls nicht so verlassen wie in Deutschland: Sie haben keine starke Verbindlichkeit und sind nicht im europäischen Sinn durchsetzbar – jedenfalls nicht in einem für ein Unternehmen interessanten Zeitraum, warnt Mexiko-Spezialistin Zabel.

Einen grundsätzlichen Unterschied beim Business-Verhalten zwischen Mexikanern und Deutschen sieht Zabel vor allem im Konzept des Ehrbegriffs, der in Mexiko sehr ausgeprägt ist. Das bedeutet, dass man sehr respektvoll vorgehen sollte, wenn man jemanden kritisieren möchte, und Kritik nur unter vier Augen äußert. Nie sollten Mexikaner dabei den Eindruck haben, dass man ihnen unehrenwertes Verhalten unterstellt. Man sollte immer überlegen, wie man etwas zu wem sagt und ob man diese Person später nicht noch einmal dringend braucht.

Frauen halten Abstand

Frauen wahren ihre Ehre, in dem sie Abstand halten und nicht zu jovial werden. Gemeinsam mit einzelnen mexikanischen Geschäftspartnern zum Essen gehen sollten Frauen nur mittags, und nur, wenn auch andere Personen mit von der Partie sind. Und dabei immer auch – egal ob vorhanden oder nicht – vom eigenen Partner in Deutschland erzählen. Mexikaner lassen selten zu, dass Frauen die Rechnung übernehmen, sie sollten dann nicht darauf bestehen. Im Öffentlichen Dienst wird wenig verdient, dann ist es am besten gleich im Vorfeld klarzustellen, dass es sich um eine Einladung handelt. Bei solchen Essen werden geschäftliche Themen eher ausgeklammert, sie dienen vor allem dem gegenseitigen Kennenlernen. Das gilt umso mehr bei einer Einladung nach Hause. „So gegen 20 Uhr" heißt, man kann getrost eine halbe Stunde nach der offiziell angegebenen Zeit erscheinen, um sicherzugehen, dass die Gastgeber auch fertig sind.

Wenn Geschäftspartner aus Mexiko zu Besuch nach Deutschland kommen empfiehlt Zabel, eine Rundumbetreuung tagsüber und abends zu organisieren und dazu auch die eigenen Kollegen einzuladen. Am besten ist es, die Gäste zu fragen, worauf sie besonders

Lust haben. Eine romantische Stadt wie Heidelberg besichtigen oder einmal ein deutsches Fußballstadion besuchen? Wichtig ist es auch bei einem bedeutenden Partner, dass die Unterkunft repräsentativ genug ist. „Da muss es dann schon auch mal das Fünf-Sterne-Hotel sein", sagt Expertin Zabel.

Last-Minute-Überblick

→ Hierarchien und Titel sind ausschlaggebend, Text auf Visitenkarten entsprechend formulieren.

→ Im Business geht es persönlich zu, mit Familienfotos lässt sich punkten.

→ Bei räumlich geringem Abstand im Gespräch nicht zurückweichen, das gilt als distanziert.

→ Kommunikations- und Höflichkeitsregeln unbedingt beachten, der mexikanische Gastgeber eröffnet das Gespräch. Kritik nur respektvoll und unter vier Augen äußern.

→ Für erste Kontakte formelle Briefe schreiben, erst später E-Mails schicken, und die nicht zu kurz fassen.

Mexikanische Botschaft
Botschaft der Vereinigten Mexikanischen Staaten
Klingelhöferstraße 3
10785 Berlin
Tel.: 0 30 / 2 69 32 30
www.embamex.de

Amerika

Deutsche Botschaft in Mexiko
Embassy of the Federal Republic of Germany
Calle Lord Byron 737
Colonia Polanco Chapultepec
11560 México, D.F.
Mexico
Tel.: 00 52 / 55 / 52 83 22 00
www.mexiko.diplo.de

Tourismus-Info
Secretaría de Turismo
Av. Presidente Masaryk No. 172
Colonia Chapultepec Morales
C.P. 11587, México
Mexico
Tel.: 00 52 / 55 / 30 02 63 00
www.sectur.gob.mx

Brasilien
Freundlichkeit ist keine Schwäche

Zahlen und Fakten	
Fläche:	8,5 Mio. km²
Staatsform:	Föderative Präsidialdemokratie
Hauptstadt:	Brasilia
Verwaltung:	Gliederung in 26 Staaten und den Bundesdistrikt Brasilia (Stadtstaat)
Amtssprache:	Portugiesisch
Bevölkerung:	182,5 Mio.
Religion:	88% Katholiken, Protestanten, Methodisten, daneben synkretistisch-animistische Kulte
Währung:	Real
Wirtschaft:	Maschinen- und Fahrzeugbau, Metallverarbeitung, Chemische und Elektrotechnik produzierende Industrie
Klima:	Tropisches und subtropisches Klima

Deutsche Manager, die in Brasilien arbeiten, verblüfft bei ihren brasilianischen Mitarbeitern, Kollegen und Kunden anfangs oft deren extreme Lockerheit im beruflichen Umgang. So duzen sich zum Beispiel die meisten Mitarbeiter, sobald sie einmal einen persönlichen Kontakt hatten und soweit der Gesprächspartner nicht wesentlich älter oder in der Hierarchie deutlich höher angesiedelt ist. Trotzdem ist der kurze Dienstweg oft nicht möglich, Hierarchien müssen eingehalten werden. Für Hans-Joachim Hinz, der als Leiter Qualitätssicherung Kaufteile für einen deutschen Autokonzern ein neues Produktionswerk im Süden Brasiliens mit aufbaute, war der brasilianische Arbeitsstil trotz eines vorherigen interkulturellen Trainings mehr als ungewohnt. Fragen nach persönlichen Angelegenheiten schaffen für Brasilianer eine familiäre Atmosphäre. Zum Begrüßungsritual gehört: „Wie geht's? Der Familie? Gute Reise gehabt?" Die rein sachliche und direkte Art von Hinz stieß bei seinen Kollegen anfangs auf Unverständnis. Durch das Feedback seiner deutschen Sekretärin passte Hinz sich den brasilianischen Umgangsformen an: „Dadurch bekam ich persönlichen Kontakt zu meinen Mitarbeitern und konnte somit in Engpass-Situationen von ihnen mehr erwarten."

Besprechungen stellten den Manager auf eine harte Geduldsprobe: „Die Brasilianer reden und reden und irgendwann kommen sie zum Kern. Es wird viel und gern diskutiert." Auch bei wichtigen geschäftlichen Besprechungen schweift man immer wieder ab. Wichtige Dinge würden nicht wie meist in Deutschland zu Beginn besprochen, sondern erst am Ende des Meetings. „Brasilianer denken zerstreut und springen von Thema zu Thema, Deutsche denken präziser, sind aber nicht so flexibel" formuliert die Brasilianerin Joana de Fraipont, die seit mehr als einem Jahrzehnt in Deutschland lebt, das Dilemma der unterschiedlichen Mentalitäten. „Flexibel" verstehen Brasilianer auch den Zeitbegriff. „Pünktlichkeit ist kein sehr bekanntes Wort." So machte Manager Hinz die Erfahrung, dass zehn Uhr im brasilianischen Sinn bedeutet: irgendwann am Vormittag, voraussichtlich nach zehn Uhr, aber vielleicht auch erst mittags. Das Thema „Pünktlichkeit" ist für Manager Hinz schwierig geblieben. „Damit kam ich überhaupt nicht klar", gibt er ehrlich zu.

Ablenkung ist leicht möglich

Dem anderen Umgang mit der Zeit versucht Gerd Wolf, Leiter Financial Services bei einem Spezialchemie-Konzern, mit Humor zu begegnen. Nach seinem vierjährigen Brasilien-Aufenthalt fasst der Manager als wichtigste Erkenntnis über die Unterschiede der Kulturen zusammen: „Verschiebe nichts auf morgen, was du auch auf übermorgen verschieben kannst." Wolf, der nach wie vor fast jedes Jahr beruflich nach Südamerika fährt, empfindet die Brasilianer als sehr aufgeschlossen, hilfsbereit, offen und lernbegierig. Doch es nervt ihn heute noch, dass die Brasilianer unpünktlich bei persönlichen Terminen sind und auch mal Lieferfristen nicht einhalten. Aber er hat sich damit abgefunden: „Man muss eben nachfragen, Brasilianer lassen sich leichter ablenken, es kommt immer wieder etwas dazwischen." Brasilianer hätten eben Lust am Improvisieren und benötigten dafür Spielraum. Oft wird alles auf die letzte Minute verschoben und Arbeit wird erst dann erledigt, wenn es unbedingt nötig ist.

Manager Wolf gesteht, dass ihn der Aufenthalt in Brasilien verändert hat. „Es gibt nicht nur den deutschen Weg in der Welt", sagt er heute. „So wie wir denken, das ist nicht der einzig richtige Weg, es gibt verschiedene Wege." Er hat für sich erkannt, dass er die Brasilianer nicht ändern wird, sondern dass seine Toleranz gefragt ist. Eine nützliche Einstellung, auch für später: „Das hat mir überhaupt als Führungskraft sehr geholfen, um auf Mitarbeiter einzugehen." Brasilien-Experten warnen bei Geschäften im Schwellenland Brasilien davor, die Ansicht herauszukehren, Deutschland sei ein Industrieland und besser, Brasilien ein Entwicklungsland und schlechter. Wer den Fehler macht, Brasilien als „Indianer-Land" zu klassifizieren und dies dann auch noch durchblicken lässt, kann gleich wieder nach Hause fahren. Auch auf Diskussionen über Juden, die gut Geschäfte machen, sollte man nicht einsteigen.

Alles geht

Stattdessen sollte man viel Zeit investieren, die brasilianischen Gesprächspartner kennen zu lernen und auch Zeit einplanen, in der man zunächst über andere Dinge als nur Geschäftliches spricht. Brasilianer vertrauen weniger auf Gesetze, den Staat oder Institutionen, sondern mehr auf persönliche Beziehungen, wie der interkulturelle Trainer Sieghard Klingenfeld festgestellt hat. In Brasilien ist man höflich. Alles soll harmonisch bleiben, man ist immer guten Willens. Brasilianer haben keine richtige Streitkultur, weiß Klingenfeld. „Die Brasilianer sagen nie nein", hat auch Manager Hinz erfahren. Das war für ihn einer der größten Unterschiede zwischen Brasilianern und Deutschen. „Grundsätzlich geht alles, auch wenn es nicht geht." So konnte er sich auf Zusagen brasilianischer Lieferanten nicht immer verlassen. In Einzelfällen hatte das Auswirkungen auf die Qualität der Produkte – die so von ihm nicht akzeptiert werden konnten. Der Grund dafür war seiner Ansicht nach mangelndes Verständnis in die Anforderungen an das Produkt. Deutsche Vertriebsexperten, die in Südamerika tätig sind, sind es gewöhnt, sich viele Floskeln anhören zu müssen. Sie raten, möglichst wenig Interpretationsspielraum zu lassen und so genau und klar wie möglich zu formulieren. Und dann am besten per E-Mail noch einmal rekapitulieren, was im persönlichen oder im

Telefongespräch vereinbart wurde. Das würde dann als Grundlage für Weiteres in der Regel akzeptiert. Mit Nachverhandlungen muss man trotzdem rechnen, sei es ein Rabatt oder die Erwartung eines Geschenks etwa in Form eines Flugtickets nach Deutschland oder das Bezahlen der Hotelrechnung.

Auf indirekte Kommunikation achten

Wie Trainer Klingenfeld weiß, wird es von den Brasilianern als persönliche Konfrontation verstanden, wenn andere offen und ehrlich etwas kritisieren. Vieles wird indirekt verpackt, damit keiner sein Gesicht verliert. Brasilianer versuchen stets die gute Seite zu sehen. Deshalb sollten ausländische Gäste sich mit Kritik an Religion, Politik, Wirtschaft und gesellschaftlichen Umständen eher zurückhalten. Indirekte Kommunikation wird häufig eingesetzt, besonders wenn die Situation heikel ist. So kann zum Beispiel die E-Mail mit der Bitte um eine genaue Aufschlüsselung der Spesen für die eigenen Unterlagen in Wirklichkeit ein Hinweis darauf sein, dass die Abrechnung falsch ist und zu wenig Geld überwiesen wurde, gibt Trainerin Monika Zabel zu bedenken. Für Brasilianer sei wichtig, dass die Atmosphäre stimme. Erst dann könne man auch über schwierige Sachverhalte sprechen. Wenn Deutsche gleich zum Einstieg über Probleme diskutieren, könne eine entspannte Stimmung gar nicht erst entstehen. Zabel weiß aus Erfahrung, dass Brasilianer oft erst kurz vor der Verabschiedung sagen: „Ich hätte da noch ein klitzekleines Problemchen." Dann sei aber bereits höchste Alarmstufe angebracht.

Monika Zabel betont, wie wichtig es in Brasilien ist, sich als netter, angenehmer, wohlerzogener Mensch zu präsentieren, der niemanden brüskiert, der dem Netz von Kontakten nicht schadet und selbst gute Kontakte hat. Monika Zabels Spezialtipp, um in Brasilien gut zurechtzukommen: „Freundlichkeit wird nicht als Schwäche ausgelegt wie oftmals im Geschäftsleben in Deutschland." Ganz im Gegenteil: In Brasilien solle man Freundlichkeit durchaus höher dosieren. Die interkulturelle Expertin weist auch darauf hin, dass die Brasilianer sich nicht für eine bestimmte Sache engagieren, sondern eher für eine bestimmte Person. Wenn man noch nicht bekannt sei, wäre es oft schwierig, klare Antworten zu bekommen. Die gesellschaftlichen Unterschiede in Brasilien sind sehr groß, das Standesdenken sehr ausgeprägt. Titel machen ähnlich wie in Mexiko Eindruck. Für Assistentinnen und Assistenten gelte deshalb, so Zabel: „Um die wirklich wichtigen Dinge müssen sich die Chefs ‚auf gleicher Ebene' besser persönlich kümmern." Und Information ist auch Herrschaftswissen: So wissen brasilianische Mitarbeiter im Accounting manchmal selbst nicht, für welche Beträge eingekauft wird.

Sportliche Machos

Als eine Art „brasilianischen Sport" sieht Monika Zabel das ausgeprägte Machotum des Copacabana-Staates. Die interkulturelle Trainerin und Südamerika-Spezialistin hat selbst sechs Jahre in Brasilien gelebt und gearbeitet. Um Missverständnisse von vornherein zu vermeiden, empfiehlt sie Frauen, abends nicht allein mit einem brasilianischen Kollegen auszugehen, sondern nur gemeinsam mit anderen Kollegen oder Freunden. Die Botschaft könnte sonst leicht missverstanden werden. Auch andere Brasilien-Experten raten europäischen Business-Frauen, sich auf das Macho-Verhalten einzustellen, da sie für die Brasilianer schon allein wegen der Haut- und Haarfarbe attraktiv wirken. Eine normale Flirt-Situation sollte mit Diplomatie und Humor beendet werden, auf keinen Fall mit Aggressivität.

Monika Zabel empfiehlt, sich um brasilianische Geschäftspartner, die dienstlich in Deutschland sind, gemeinsam mit Kollegen quasi rund um die Uhr zu kümmern, also auch abends und am Wochenende, und dabei keine Kosten und Mühen zu scheuen. In Brasilien sind private Einladungen schließlich häufig. Manager Wolf hat gute Erfahrungen damit gemacht, für brasilianische Gäste Ausflüge mit geschichtlichem Hintergrund zu organisieren, wie zum Beispiel alte Fachwerkhäuschen in Heidelberg zu besichtigen – oder einem ans tropische Klima gewöhnten Brasilianer einfach einmal Schnee zu zeigen. Grundsätzlich gilt: Mit Brasilianern kann es in der Disco oder an der Hotelbar schon mal sehr spät werden. Besser man hat dann am nächsten Vormittag nicht unbedingt einen besonders wichtigen Termin.

Amerika

> ### Last-Minute-Überblick
>
> → Im Business herrscht ein lockerer Umgangston, aber Hierarchien sind stark ausgeprägt und Titel wichtig.
>
> → Pünktlichkeit gilt nicht als Tugend, bei Verspätung Toleranz zeigen und wegen Terminen häufig nachfragen.
>
> → Es zählt vor allem die persönliche Beziehung, bei Treffen daher ausreichend Zeit zum Kennenlernen einplanen.
>
> → Höflichkeit, Freundlichkeit und Harmonie sind wichtige Werte; Ohren auf, denn Probleme werden eher indirekt und in letzter Minute angesprochen.
>
> → Business-Frauen begegnen dem Machotum am besten mit Humor und Diplomatie.

Brasilianische Botschaft
Botschaft der Föderativen Republik Brasilien
Wallstraße 57
10179 Berlin
Tel.: 0 30 / 72 62 80
www.brasilianische-botschaft.de

Deutsche Botschaft in Brasilien
Embassy of the Federal Republic of Germany
SES – Avenida das Nações, Qd. 807, lote 25
70415-900 Brasília-DF
Caixa Postal 030 70 41-59 00
Brasília-DF
Brazil
Tel.: 00 55 / 61 / 34 42 70 00
www.brasilia.diplo.de

Tourismus-Info
Embratur – Instituto Brasileiro do Turismo
SCN, Quadra 02, BLG G
CEP 70712-907
Brasília-DF
Brazil
Tel.: 00 55 / 61 / 4 29 77 77
www.embratur.gov.br

China
„Der Himmel ist groß und der Kaiser fern"

Zahlen und Fakten	
Fläche:	9,6 Mio. km² (inkl. Taiwan, Hongkong und Macau)
Staatsform:	Sozialistische Volksrepublik
Hauptstadt:	Peking
Verwaltung:	Zentralregierung in Peking, 22 Provinzen, 5 Autonome Regionen sowie vier regierungsunmittelbare Städte (Peking, Tianjin, Shanghai, Chongqing), zwei Sonderverwaltungsregionen (Hongkong, Macau)
Amtssprache:	Chinesisch
Bevölkerung:	1,3 Mrd.
Religion:	Atheistische Staatsideologie, daneben konfuzianische Lehre, Buddhismus, Lamaismus vor allem in Tibet, Taoismus, Islam, Protestantische und Katholische Kirchen
Währung:	Yuan
Wirtschaft:	Lebensmittel- und Genussmittelproduktion (Reis, Tee), Maschinenbau, Herstellung elektronischer Geräte, Textilbranche
Klima:	Kontinentales Klima im Norden, im Süden subtropisches Klima

Die ganze Welt ist uns näher gerückt. Doch wer beruflich nach China reist oder sogar für längere Zeit dort arbeitet, sieht sich einer fremden Welt gegenüber. „Es ist sehr schwer, hier heimisch zu werden." Das ist das Fazit, das die Journalistin Deborah Schumann nach einem dreieinhalbjährigen Peking-Aufenthalt zieht. Sie begleitete ihren Mann nach China. Bereits nach zwei Monaten fand sie einen Job, der ihrem vorher ausgeübten Beruf entsprach: Sie arbeitete fast drei Jahre als Journalistin im Pekinger Fremdsprachenverlag, reiste im Land umher, sprach mit vielen Menschen über ihre Sorgen und Nöte und berichtete darüber. Später wechselte sie als Public Relation Managerin zu einer chinesischen Consulting Agentur für den Einzelhandel. Vor ihrer Abreise nach Fernost hatten sinologische Institute, interkulturelle Trainer und Botschaftsangehörige ihr vorausgesagt, dass sie in ihrem Beruf als Journalistin nicht in China arbeiten könnte. Auf alle Fälle nicht so schnell, erst nach einer geraumen Zeit, wenn sie sich genügend „guanxi", nämlich Beziehungen, aufgebaut hätte. Aber: „Die Ratschläge stimmten nicht. Jeder Tag ist hier ein Erlebnis, weil alles denkbar ist. Das ist eben auch China, irgendwie geht es dann doch. Es gibt also nur die Regel, dass es keine richtige Regel gibt", weiß Deborah Schumann heute. Sie rät, auch wenn sie selbst beruflich schnell Fuß gefasst hat, nicht zu vergessen, dass der Hauptanteil der Chinesen noch immer als Bauern arbeitet und in einfachsten Verhältnissen lebt. Nur ein geringer Anteil, etwas über zehn Prozent, gilt als vermögend. Bei einer Bevölkerung von über 1,2 Milliarden Menschen natürlich noch immer ein gewaltiges Potenzial, um Geschäfte zu machen. Aber, so Schumann: „Trotzdem sollten sich ausländische Geschäftsleute bewusst sein, dass es ein langer Marsch wird, bevor sie beruflichen Erfolg in China haben."

Neugieriges Bestaunen

So fremd wie uns das Land erscheint, so fremd erscheinen auch wir den Chinesen. „Als Ausländer wird man auf der Straße noch immer angestarrt", diese Erfahrung machte Schumann immer wieder. Auch Anette Schneidereit erlebte Ähnliches bei ihren Aufenthalten in Schanghai. Kaum war die Ingenieurin zwei Gehminuten von ihrem internationalen Hotel entfernt, fühlte sie sich in einer völlig anderen Welt und – groß und rothaarig – als Exotin. Die Reaktion der Chinesen und Chinesinnen: offene Neugier. „Im Kaufhaus wollten die Verkäuferinnen sogar, dass ich BHs anprobiere", erzählt Anette Schneidereit. Ihr damaliger Arbeitgeber, ein deutsches Anlagenunternehmen, wollte ein Joint-Venture mit einer chinesischen Partnerfirma eingehen. Anette Schneidereit sollte für zwei Jahre als zweite Geschäftsführerin in Schanghai arbeiten. Beim ersten Besuch wurde sie von ihrem Chef vorgestellt. Beim zweiten kam sie allein und sollte eine Ist-Aufnahme der chinesischen Firma erstellen – mit einer Analyse der Firmenstruktur, der Arbeitsweise der EDV und der Art und Weise der Auftragsabwicklung. Eine Verständigung auf Englisch war dabei allerdings zu Schneidereits Überraschung kaum möglich. Stattdessen stand ihr ein chinesischer Dolmetscher zur Seite, mit dem Schneidereit gut klar kam: „Er war sehr gut und interessiert an allem."

Die Kunst des Übersetzens

Bei Verhandlungen sollte man aus strategischen Gründen immer einen eigenen Dolmetscher nehmen, damit das eigene Anliegen wirklich verstanden und vermittelt wird. Es ist wichtig, den Dolmetscher vor dem Termin auf das Thema vorzubereiten und ihm die Inhalte der Präsentation vorab zukommen zu lassen, damit er sich die entsprechenden Fachtermini aneignen kann und weiß, welche technischen Spezifikationen wichtig sind. Die beste Wahl ist ein Dolmetscher, der bereits im Ausland gearbeitet hat und Wirtschaftskenntnisse vorweisen kann. Und Vorsicht: Es kann durchaus passieren, dass am Verhandlungstisch jemand sitzt, der entweder Englisch oder Deutsch spricht, ohne das dem ausländischen Gesprächspartner zu sagen.

Bedeutungsvolle Beziehungen

Bei Anette Schneidereit waren die Kontakte zu den chinesischen Geschäftspartnern durch zahlreiche vorangegangene Besuche ihres Vorgesetzten bereits aufgebaut und vertieft worden. Eine wichtige Basis für den Geschäftserfolg, denn: „Ohne Beziehungen funktioniert kein Geschäft. Wer die richtigen Leute kennt, bekommt sehr schnell seine Anliegen erfüllt", weiß China-Expertin Schumann. Ausländische Geschäftsleute müssen also in China erst einmal die richtigen Partner kennen lernen, die über die entsprechenden Kontakte verfügen. Problematisch sei es, so Schumann, dass Ausländer erst nach einiger Zeit und Erfahrung herausbekommen, ob sie auch die richtigen Leute kennen gelernt haben: „Beziehungsträger haben plötzlich keine Beziehungen mehr und das Spiel geht wieder von vorne los. Klingt kompliziert und ist es auch." Der Grund: Anders als in westlichen Ländern wie etwa Deutschland, wo eine institutionelle Kultur herrscht, die sich nicht an Personen, sondern an Dingen und Institutionen orientiert, pflegt man im fernöstlichen China eine „Beziehungskultur und arbeitet mit einem Netzwerk", erklärt die interkulturelle Trainerin Huan Hou. Die China-Expertin lebt seit ihrem Studium in Deutschland. Sie arbeitete zunächst als Delegationsbetreuerin und Dolmetscherin und seit Jahren auch als interkulturelle Trainerin für China.

Kundenbeziehungen bedürfen besonderer Pflege. Die Ingenieurin Dezhen Li, die bereits vor über 20 Jahren zum Studium nach Deutschland kam, weiß, dass Deutsche dafür vor allem eines brauchen: „Sehr viel Geduld, Ausdauer und Zeit." Ihrer Erfahrung nach sollte man mit langen Vorlaufphasen rechnen, bis ein Projekt zustande kommt und sich gründlich vorbereiten. Sie hält es für äußerst wichtig, sich vorab über den potenziellen Partner in China zu erkundigen, die chinesischen Mentalität, Kultur und Geschichte zu studieren. Außerdem sollte man sich auch spätestens beim Flug über aktuelle Ereignisse in China informieren und einige Brocken Chinesisch lernen. Und natürlich sollte man über die eigene Firma und das eigene Land gut Bescheid wissen. „Die Ausbildung in China umfasst auch europäische Geschichte und die Chinesen nutzen gern die Gelegenheit und fragen etwa nach berühmten deutschen Philosophen, Komponisten und Musikern", gibt Dezhen Li zu bedenken.

Esskultur an erster Stelle

In China gilt immer noch: „Einmal sehen ist besser als hundertmal hören." Zur Vorbereitung auf Geschäftsreisen gehört auch, sich bei der Zeitplanung darauf einzustellen, dass gemeinsame Geschäftsessen ein entscheidender Erfolgsfaktor in China sind. Esskultur habe in China einen hohen Stellenwert und sei ein ganz wesentlicher Teil des Business, erklärt Huan Hou. „Das Essen verbindet die Menschen, ist Entspannung, Freizeit und Unterhaltung und ermöglicht es gleichzeitig, den anderen kennen zu lernen und Informationen über die Person zu sammeln, mit der man es geschäftlich zu tun hat. Außerdem können beim Essen auch die geschäftlichen Details am besten besprochen werden." Nach der Vorspeise oder Suppe wird eine kurze Tischrede gehalten und die Gäste willkommen geheißen – die Voraussetzung für erfolgreiche Geschäfte. Das hat auch Deborah Schumann so erlebt und rät: „Ausländer sollten immer gute und teure Restaurants auswählen, da das für weitere Verhandlungen entscheidend sein kann."

Auch umgekehrt können ausländische Geschäftspartner sehr schnell erkennen, wie wichtig sie den chinesischen Partnern sind: „Falls sie nie zum Essen eingeladen werden, ist das ein sehr schlechtes Zeichen. Findet das Essen nicht in einem Restaurant mit abgetrennten Kabinen statt, ist das auch ein schlechtes Zeichen." Auch für den Gebrauch von Stäbchen gibt es jede Menge Regeln. So nimmt man sich nie mit dem dünnen Ende von der gemeinsamen Platte. Die Stäbchen legt man nach dem Essen nicht übers Schälchen, sondern auf die dafür vorgesehene Ablage oder einfach auf den Tisch. Das Stäbchen sollte keinesfalls zerbrechen und man darf es auch nicht im Essen stecken lassen – das ist ein Ritual des Totenkults. Und wenn man bis aufs letzte Reiskorn alles aufisst, bedeutet das, man ist nicht satt geworden. Ungewohntes Essen sollte man erstmal probieren. Wenn es einem zu fremd vorkommt oder nicht schmeckt, kann man versuchen, es mit den anderen zu teilen. Dabei helfen Formulierungen wie „Dessen bin ich allein gar nicht würdig". Für Anette Schneidereit, der die chinesische Küche an sich sehr gut schmeckte, bestand die Herausforderung darin, dass sie in vermeintliches Weißkraut biss, das sich als frittierte Quallen entpuppte. Ein andermal erfuhr sie im Nachhinein, dass sie Schlangen und Frösche gegessen hatte. Gewöhnungsbedürftig waren für Anette Schneidereit auch die chinesischen Tischsitten. „Alle kleckern, spucken Schalen aus, rülpsen, das war für mich schon eklig", sagt sie.

Kein Wort für „Nein"

Andere Sitten herrschen auch in Sachen „Kommunikation", bei der das sprichwörtliche „Gesicht wahren" eine zentrale Rolle spielt. „Eine Sprache für Ja und Nein gibt es nicht", merkte die deutsche Ingenieurin Schneidereit bei ihrer Bestandsaufnahme der chinesischen Partnerfirma. Wenn sie danach fragte, ob zum Beispiel ein bestimmtes EDV-Programm benutzt werde, bekam sie oft keine richtige Antwort. „Erstmal rantasten" war deshalb ihre Devise. Expertin Huan Hou bestätigt: Chinesen lächeln und nicken immer, um höflich zu sein. Ein deutliches Nein ist selten zu hören. Für Deutsche ist das leicht zu interpretieren: „Die Chinesen sind einverstanden." Später wundern sie sich allerdings, dass die chinesischen Partner nochmals einzelne Punkte diskutieren, obwohl die aus deutscher Sicht längst „einvernehmlich" zu Ende besprochen wurden. Der Grund: Neben der direkten Kommunikation wird in China eine indirekte Kommunikation gepflegt, oft damit man selbst oder der andere das Gesicht nicht verliert. Dabei kommt es auf die Zwischentöne an. So gilt es aufmerksam zu werden, wenn Chinesen etwa antworten „Wir werden es uns überlegen" oder einen durch nette Ausreden hinhalten. Teilweise verlaufen Gespräche mit einem sehr vagen Unterton von Seiten der Chinesen. Damit können sie sich ohne besagten Gesichtsverlust zur Not aus der Sache wieder herauswinden.

Oft haben die Ansprechpartner auch nicht allein die Entscheidungsbefugnis und Entscheidungsprozesse dauern deshalb länger als in Deutschland. Anders als Deutsche, die meist schon während des Besuchs der Gäste Entscheidungen treffen möchten, kommen Delegationen aus China oft, um Informationen zu sammeln. Eventuell sind parallel auch chinesische Kollegen in anderen Ländern unterwegs. Entschieden wird dann häufig erst nach der Rückkehr in China. In einer solchen Situation Druck auf die Besucher auszuüben, zu einer Entscheidung zu gelangen, hat meist den gegenteiligen Effekt. Huan Hou weist jedoch auch darauf hin, dass bei politisch gewünschten beziehungsweise sehr prestigeträchtigen Projekten Entscheidungen auch unter größtem Zeitdruck getroffen werden.

Als größtes Missverständnis zwischen den Kulturen sieht Deborah Schumann die Tatsache an, dass die Deutschen glauben, dass nach einem effizienten und richtungsweisenden Gespräch mit der Arbeit begonnen wird: „Dies ist nicht der Fall. Die Deutschen fahren wieder ab und in China wird die alte Untertanenformel ‚Der Himmel ist groß und der Kaiser fern' angewandt. Ruhe und Gelassenheit zeichnen dieses Volk aus." Auch bei nonverbalen Gesten ist Ruhe und Zurückhaltung angesagt. „Chinesen machen wenig Gesten, beherrschen ihre Mimik beim Vortrag oder beim Gespräch", beschreibt Dezhen Li ihre Landsleute. Die Stimme sollte, auch wenn man aufgeregt ist, keinesfalls hoch sein. Lautes Lachen ist verpönt, es gilt als unbeherrscht. Umarmungen oder sogar Küsse als Geste für Freundschaft sind in der Öffentlichkeit unüblich und sollten vermieden werden.

China

Auf die richtige Ebene kommt es an

Hierarchien darf man in China nicht durcheinander bringen. Es gilt das „Senioritätsprinzip", gibt Dezhen Li zu bedenken. Das bedeutet, dass man ältere Menschen immer respektieren sollte. Und: „Hierarchie steht in China über Geschäftsnutzen", sagt Deborah Schumann. „Häufig handeln selbst Chinesen, die im Ausland gelebt und gearbeitet haben, noch sehr stark in dieser Tradition. Ich habe in Büros gearbeitet, wo wichtige Vorgänge nicht bearbeitet worden sind, weil die falsche Person den Auftrag für die Erledigung gegeben hat." So gibt es in China auch kaum eine Vorstellung von Teamwork nach westlicher Manier. In China gilt: Manager sollten ihre Rolle und Verantwortlichkeiten kennen und Antworten auf Probleme haben, sonst sollten sie keine Manager sein. Angestellte, die die Initiative übernehmen und Innovationen vorschlagen, werden von Managern als Gefahr für die eigene Position angesehen. Wenn die Stellung in der Hierarchie von großer Bedeutung ist, dann sind es auch die Titel. Schumann spricht geradezu von einer „Titelwut" der Chinesen. Sie empfiehlt deutschen Geschäftsreisenden, ihre Visitenkarten mit wohl klingenden Titeln zu schmücken.

Frauen tragen die Hälfte des Himmels

Was dagegen die Hierarchie der Geschlechter angeht, sind Frauen in kommunistischer Tradition gleichberechtigt. Maos Ausspruch „Frauen tragen die Hälfte des Himmels" ist inzwischen zum feststehenden Begriff geworden. Es zählen Fach- und Sachkompetenz und die persönlichen Stärken. Chinesische Frauen arbeiten, auch wenn sie Kinder haben, und sind auch in Führungspositionen vertreten. „Alle haben mich respektiert, ich habe mich sehr wohl gefühlt", bestätigt Ingenieurin Schneidereit.

So zuvorkommend wie möglich

Doch nicht nur bei Reisen nach China, sondern auch beim Empfang chinesischer Gäste in Deutschland gibt es einiges zu beachten. Häufig sind Chinesen bei ihrem Deutschlandbesuch das erste Mal im Ausland und der Sprache meist nicht mächtig. „Das löst Angst,

Euphorie, Begeisterung und Unsicherheit aus", beschreibt Huan Hou die gemischten Gefühle ihrer Landsleute in dieser Situation. Die Expertin empfiehlt einen festen Ansprechpartner für die Delegation zu benennen, der die Gäste möglichst immer begleiten sollte. Denn Chinesen werden nicht nur durch die Qualität der Produkte überzeugt, sondern auch durch die Qualität der Gästebetreuung.

Assistentinnen in China kümmern sich um alles, weiß Huan Hou. Das heißt zum Beispiel für deutsche Assistentinnen oder Assistenten, Getränke für die Gäste nicht nur bereitzustellen, sondern auch zu servieren. Geduld, Flexibilität und Zuvorkommenheit sind die wichtigsten Gebote im Umgang mit chinesischen Gästen. Und nicht nur bei der Auswahl der Restaurants sollte man die Wünsche der Gäste berücksichtigen, sondern auch bei der Zusammenstellung des Terminplans. Das bedeutet etwa auch Zeit für gemeinsame Ausflüge wie den Besuch von Sehenswürdigkeiten, Vergnügungsparks oder Bootstouren einzuplanen. „Man sollte seine chinesischen Gäste umhegen", rät Schumann. Und ihr Tipp: Sie vor allem viel fotografieren. Wobei es nicht auf die Sehenswürdigkeiten ankommt, sondern auf die Porträts der chinesischen Besucher im Vordergrund.

Geschenke made in Germany

Chinesen bringen oft viele Geschenke mit, deshalb sollte man auch als Gastgeber Abschiedsgeschenke vorbereiten, rät die Chinesin Huan Hou. Sie sollten nützlich sein und möglichst Markenprodukte „made in Germany" oder „made in Europe": Kosmetikprodukte, kleinere elektrische Geräte, Ferngläser oder Schweizer Offiziersmesser, aber auch lokale und regionale Spezialitäten wie Biergläser oder Frankenweine kämen in Frage. Die Geschenke am besten hübsch verpackt kurz vor der Abreise übergeben. Bei den Geschenken sollte man nicht kleinlich sein, denn Chinesen behandeln ihre Gäste eher großzügig. So zeigte der chinesische Dolmetscher Anette Schneidereit auf Anweisung der chinesischen Geschäftspartner noch verschiedene Sehenswürdigkeiten und war angewiesen, ihre Einkäufe zu bezahlen. „Da habe ich mich geschämt, wie die Chinesen vorher bei ihren Besuchen bei uns abgefertigt worden waren", sagt Anette Schneidereit.

China

Last-Minute-Überblick

→ Hierarchisches Denken ist grundlegend für die chinesische Kultur, Respekt vor dem Alter ein Muss. Unternehmensstrukturen funktionieren traditioneller.

→ Beziehungen sind alles und müssen besonders gepflegt werden, vor allem bei persönlichen Treffen.

→ Ein gelungenes Geschäftsessen entscheidet mit über wirtschaftlichen Erfolg, Tischsitten also unbedingt beachten. Chinesische Besucher in Deutschland aufmerksam betreuen, Restaurants sorgfältig auswählen.

→ Zur Sicherheit einen eigenen erfahrenen Übersetzer hinzuziehen. Vorsicht: Eventuell sprechen Sitzungsteilnehmer deutsch oder englisch, ohne das zu zeigen.

→ Die Kommunikation verläuft extrem höflich und vielfach indirekt, ein klares „Nein" gibt es nicht. Nicken also nicht immer mit Einverständnis gleichsetzen.

Chinesische Botschaft
Botschaft der Volksrepublik China
Märkisches Ufer 54
10179 Berlin
Tel.: 0 30 / 27 58 80
www.china-botschaft.de

Deutsche Botschaft in China
Embassy of the Federal Republic of Germany
17, Dongzhimenwai Dajie
Chaoyang District
100600 Beijing
China
Tel.: 00 86 / 10 / 85 32 90 00
www.beijing.diplo.de

Asien

Tourismus-Info in Deutschland
Fremdenverkehrsamt der Volksrepublik China
Ilkenhansstraße 6
60433 Frankfurt
Tel.: 0 69 / 52 01 35
www.fac.de

Tourismus-Info in China
China National Tourism Administration
A9 Jian Guo Men Nei Avenue
100740 Beijing
China
Tel.: 00 86 / 10 / 65 20 11 14
www.cnta.com

Indien
Verbindung von High Tech und Hierarchie

Zahlen und Fakten	
Fläche:	3,3 Mio. km²
Staatsform:	Souveräne, parlamentarische Republik innerhalb des Commonwealth
Hauptstadt:	Neu-Delhi
Verwaltung:	Gliederung in 28 Bundesstaaten, sechs Unionsterritorien und das Hauptstadtterritorium
Amtssprache:	Hindi, Englisch und 17 gleichberechtigte regionale Sprachen
Bevölkerung:	1,1 Mrd.
Religion:	80,5% Hindus; 13,4% Muslime; 2,3% Christen; sonst Sikhs; Buddhisten; Jainas; Parsen und andere
Währung:	Rupie zu 100 Paise
Wirtschaft:	Landwirtschaft: Anbau von Reis, Hirse, Weizen, Zuckerrohr, Sesam, Erdnüssen. Export von Tee, Baumwolle, Jute, Kaffee, Kokosprodukte, Pfeffer. Industrie: Bio- und Informationstechnologie, Pharmazie, Weltraumforschung, Automobilindustrie, Textilindustrie. Dienstleistungssektor: medizinische Dienste, Kommunikationsdienstleistungen, Filmbranche, Tourismus.
Klima:	Monsun von April bis Oktober mit starken Niederschlägen vor allem in den Westghats, in Assam und im Ganges-Brahmaputra-Tiefland. Im Nordwesten trocken. Außerhalb des Himalayas Jahresdurchschnittstemperatur von 25°C. Im Himalaya subtropisches Klima mit starken jahreszeitlichen Temperaturunterschieden. Im Golf von Bengalen häufig tropische Wirbelstürme.

Abends Daten für eine Präsentation an einen Dienstleister in Indien mailen, nach Hause gehen und morgens bei Arbeitsbeginn die fertige Powerpoint-Datei im E-Mail-Eingang vorfinden? Diese virtuelle Zusammenarbeit über die Kontinente hinweg ist jetzt schon Realität. Gut ausgebildete IT-Spezialisten, etwa in Bangalore, repräsentieren ein Indien, das sich als modernes High-Tech-Land versteht. Modern sind auch die Umgangsformen in den Softwareschmieden – an amerikanische Verhältnisse angelehnt. Ähnlich ist es in der Medien- und Telekommunikationsbranche. Doch das darf nicht darüber hinwegtäuschen, dass es auch Bereiche gibt wie die Automobilindustrie, Maschinen- und Anlagenbau oder die Energieversorgung, in denen

Asien

die traditionell-konservativen Regeln noch gelten. Verstärkt gilt das für Familienunternehmen, die oft mit starkem „väterlichem Akzent" geführt werden. „Die indische Gesellschaft ist besonders hierarchisch strukturiert. Ganz anders als in Deutschland, wo seit 1968 ein starker Hang zum Partnerschaftlichen herrscht", sagt Dr. Rolf Daufenbach. Der Diplom-Psychologe arbeitet seit Jahren als Trainer für interkulturelles Verhalten am Ifim Institut für Interkulturelles Management. „Aber: Keiner erwartet, dass Sie in einem anderen Land perfekt funktionieren. Es geht darum, ein Gefühl für die fremde Kultur zu entwickeln", relativiert er. Das jahrtausendealte Rangsystem, bei dem man in eine bestimmte Kaste hineingeboren wird und so einen bestimmten Status in der Gesellschaft erhält, ist für Europäer allerdings schwer zu verstehen. Doch Indien ist heute eine Demokratie, das Kastenwesen seit der Unabhängigkeitserklärung 1947 verboten. Inwieweit es trotzdem beachtet wird, ist für Außenstehende schwer zu durchschauen.

„Heute haben es auch Menschen aus unteren Kasten nach oben geschafft. Indien ist in den fortschrittlichen Wirtschaftsbranchen weitgehend eine ‚Meritokratie' – es kommt auf die Kompetenz an und bevorzugt wird derjenige, der sich durch besondere Leistung auszeichnet. Bestes Beispiel dafür sind die hochspezialisierten High-Tech-Experten in Bangalore, sie gehören zur Spitze der Gesellschaft", sagt Daufenbach. Außerdem gibt es eine positive Diskriminierungspolitik: In den Behörden gelten Quoten für die Einstellung der Mitglieder unterer Kasten. Inwieweit das Kastenwesen trotz des offiziellen Verbots heute noch eine Rolle in der indischen Arbeitswelt spielt, hängt sehr stark davon ab, wie traditionell die jeweilige Industrie, die jeweilige Branche ist. In der Computertechnologie oder auch der Wissenschaft ist der Einfluss des Kastensystems sehr gering. Bei traditionelleren Branchen wie etwa der Automobilindustrie ist das etwas anders. „Da kommt es schon einmal vor, dass ein Brahmane sich von einem Angehörigen einer niedrigeren Kaste einen Ordner holen lässt", hat Experte Daufenbach beobachtet. Insgesamt spielt die Orientierung am alten Kastenwesen im Süden Indiens, wo die Bevölkerung zum Teil besser ausgebildet ist, eine wesentlich geringere Rolle als im Norden. Ein weiteres Unterscheidungsmerkmal der indischen Gesellschaft bildet die Religion: In Indien leben sowohl Hindus, Moslems, Sikhs, Buddhisten und Christen wie auch Angehörige weiterer Glaubensgemeinschaften.

Indien

Spürsinn gefragt

Wenn man als Deutscher mit Indern Geschäfte machen möchte, ist zunächst vor allem interessant, welche Position das indische Gegenüber hat. Daufenbach empfiehlt, die Rangfolge im Unternehmen genau zu analysieren und nicht nur Marktforschung zu betreiben, sondern auch Unternehmensrecherche, damit man dann für sich selbst genau weiß, ob man es jetzt mit dem Chef, einem Techniker oder einem Einkäufer zu tun hat. Und man sollte sich immer von hochrangigen Personen empfehlen lassen. „Es gibt in Indien viel mehr Hierarchiestufen, oft vier oder sogar fünf Ebenen, während es in ähnlichen Firmen in Deutschland nur eine bis zwei sind", hat Ashish Sachdeva festgestellt. Er hat in Deutschland studiert und mehrere Jahre bei einem deutschen Chemieunternehmen gearbeitet, für das er jetzt in London tätig ist. Respekt gegenüber hierarchisch höher stehenden Personen sei unbedingt nötig, besonders wenn sie älter sind als man selbst. Der Unterschied zwischen den Generationen ist zwar inzwischen sehr groß: Die Jüngeren teilen oft nicht mehr die traditionellen Einstellungen der Älteren. Trotzdem gilt es weiterhin als wichtig, Älteren Respekt zu erweisen. Sachdeva hat festgestellt, dass Europäer oft nicht wissen, wie sie sich nach indischen Maßstäben angemessen gegenüber Älteren verhalten sollten. Vor allem Zurückhaltung ist angebracht. Jüngere sollten nicht zu viele Fragen stellen, leise sprechen und beim Zuhören dem Gesprächspartner nicht direkt in die Augen schauen, eher nach unten – das ist für Frauen besonders wichtig. Auch die Körpersprache ist zurückgenommen: keine expressiven Handbewegungen oder sogar die Hände auf den Rücken legen.

Unter Kollegen ist die Kommunikation allerdings informeller als in Deutschland. Man unterhält sich über das persönliche Umfeld und die Familie. Es ist üblich, sich außerhalb der Firma zu treffen, gemeinsam essen zu gehen oder sich zu Hause zu besuchen. Kollegen laden sich gegenseitig auch zu Geburtstagen und Familienfeiern ein. Inzwischen hat Sachdeva in Deutschland gute Freunde gefunden, aber anfangs deprimierte es ihn, so wenig Kontakt zu seinen Kollegen zu haben. Macht man in Indien eine neue Bekanntschaft, nennt man seinen Namen und wartet, dass der andere nachfragt. Sofort mehr von sich zu erzählen, würde als arrogantes Verhalten interpretiert. Interessant für den Gesprächspartner ist oft, was man an welcher Universität studiert hat, ob man Familie besitzt und auch welche Position, welchen Status man hat. Titel erwähnt man bei der mündlichen Vorstellung nicht, sie stehen nur auf der Visitenkarte. So stolz man in Indien auch auf das eigene Land ist, mit Gesprächen über unterschiedliche Religionen oder die Beziehung Indiens zu Pakistan sollte man äußerst vorsichtig sein. Diese Themen bieten enormen gesellschaftlichen und politischen Sprengstoff und sind damit für die Business-Kommunikation tabu. Auch über die Beziehung zwischen Männern und Frauen spricht man in Indien nicht öffentlich. Gute Small-Talk-Themen sind dagegen die deutsch-indische Freundschaft, der technische Fortschritt, Sportereignisse oder eigene Hobbys wie Golf oder Tennis.

Multitasking beim Meeting

„Die Art der mündlichen Kommunikation könnten Deutsche als unhöflich empfinden", gibt Sachdeva zu bedenken, „es werden wenig verbindliche Formulierungen benutzt". Auch E-Mails sind oft ohne ausführliche Begrüßungsformeln eher informell gehalten. Und anders als in Deutschland, wo E-Mails nur, wenn es einen wichtigen sachlichen Grund dafür gibt, in Kopie auch an Vorgesetzte geschickt werden, informieren indische Mitarbeiter ihre Chefs meist durch „cc" über jede Kleinigkeit. Achtung: Die schriftliche Ausdrucksweise bei Briefen oder Faxen ist höflicher als in Deutschland („Dear Sir, may I request you..."). „Kritische Inhalte werden in einer Kaskade an Nettigkeiten verpackt! Nur wenn die Beziehung sehr gut ist, sind die Anmerkungen direkter", sagt Trainer Daufenbach.

Insgesamt wird mehr mündlich besprochen als in Deutschland. So seien auch regelrechte Anstellungsverträge unüblich, meint Sachdeva. Es gebe of nur einen „letter of offer", ein Anstellungsangebot, in dem auch die Höhe des Gehalts genannt wird. Zu ausführliche Verträge machen Inder eher misstrauisch, was das geplante gemeinsame Geschäft angeht. Um trotzdem etwas schriftlich festzuhalten, rät Sachdeva, den Gesprächsinhalt per E-Mail kurz zu bestätigen. Daufenbach empfiehlt, Protokolle zu führen und sich später unterschreiben zu lassen: „Das Geschäft wird so verbindlicher", sagt er.

„Während Meetings gibt es viel mehr Störungen als in Deutschland. So klingelt etwa das Handy permanent und tausend Themen werden gleichzeitig besprochen. Dieses Multitasking ist eine große Geduldsprobe", weiß Daufenbach. Und eine weitere Besonderheit haben mündliche Verhandlungen mit Indern: Die Deutschen werden von ihnen oft zu einem Zeitpunkt mit neuen Forderungen verblüfft, wenn sie denken, es wäre doch bereits alles verhandelt worden. „Inder haben eine ganz andere Art zu diskutieren. Sie sind sehr flexibel, ändern ihre Meinung schnell, äußern vieles spontan und kaum ein Thema wird wirklich zu Ende geführt. Alles kann wieder neu ins Gespräch gebracht werden. Viele Deutsche macht das verrückt", hat Sachdeva festgestellt.

Guten Willen zeigen

Inder sind es gewohnt, dass sich Bedingungen ständig verändern. Für sie ist Nachverhandeln normal. Deutsche mit ihrer Einstellung „Was vereinbart ist, gilt!" empfinden es dagegen als unfair. Doch wenn der indische Partner statt der vom deutschen Partner bestellten 50 Autos nur 30 verkaufen kann? Dann wird er Entgegenkommen vom deutschen Lieferanten erwarten. Und es kann sinnvoll sein, dieses Entgegenkommen zu zeigen, um die geschäftliche Beziehung zu festigen. Das muss nicht heißen, dass die deutsche Seite auf jeden Fall nachgeben muss: „Man kann den Gefallen auch verweigern, oder den Gefallen tun und später für sich selbst einen Gefallen fordern. Denn man sollte sich darüber klar sein, dass Inder Grenzen austesten", sagen Indien-Experten. Wichtig ist es auch, sich bewusst zu machen, dass Inder meist kurzfristige Strategien verfolgen, gibt Sachdeva zu bedenken. Sie überlegen, wie sie so schnell wie möglich, am besten in höchstens zwei oder drei Jahren, profitieren können. Deutsche denken dagegen langfristig und haben oft eine Zehn-Jahres-Strategie. „Es ist für Deutsche wichtig, den Indern zu erläutern, worin ihr kurzfristiger Gewinn besteht. Und sie sollten kontinuierlich am Ball bleiben, um immer gleich mitzubekommen, wenn die Inder wieder einmal ihre Meinung ändern. Dabei sollten deutsche Geschäftspartner einigermaßen gute Miene zum manchmal chaotischen Spiel machen. Schließlich tun die Inder alles, um ihr Gesicht nicht zu verlieren.

Verhandeln ist Teil des Spiels

„Inder sind sehr geschäftstüchtig, sie sind nur zufrieden, wenn sie verhandeln können. Deutsche sind dagegen zufriedener, wenn sie nicht verhandeln müssen", sagt Sachdeva. Es ist deshalb wichtig, indischen Vertragspartnern gegenüber immer noch Spielraum zu haben. Um eine gute Basis für die Zukunft zu schaffen, sollte man im After-Sales-Gespräch dem indischen Partner gegenüber betonen, dass er ein gutes Geschäft gemacht hat – eventuell sogar eines, das seinen Status bei Nachbarn, Freunden oder in der Familie erhöht. „In Indien ist der Kollektivismus, die Einbindung in verschiedene Gruppen sehr wichtig und es spielt eine große Rolle, welche Meinung die Gruppenmitglieder von einem haben." Statussymbole sind von enormer Bedeutung: „Man sollte deshalb überlegen, ob man vor der Indienreise nicht besser das alte Handy gegen das neueste Produkt tauscht", rät Trainer Daufenbach. Was die Business-Kleidung angeht, so orientiert sie sich am internationalen Standard. Es sind aber auch Anzüge in hellen Farben üblich.

Ein schwieriges Kapitel sind die Verhandlungen mit den Behörden. Die Bürokratie ist enorm, alles dauert sehr lang, sagen Indien-Kenner. Genehmigungen können großen Zeitverlust bedeuten, wenn man beispielsweise ein Grundstück kaufen möchte. Psychologe und Indien-Experte Daufenbach empfiehlt, sich keinesfalls blauäugig in die Hierarchie-Mühlen des Indischen Civil Services zu begeben. Stattdessen sollte man nach einem Gesprächspartner auf dem richtigen Level suchen und sich beispielsweise gleich an einen Staatssekretär wenden. Bei der Orientierung, wer ein kompetenter Ansprechpartner sein könnte, helfen lokale Unternehmensberatungen. Die sollte man sich allerdings empfehlen lassen, denn es sei schwer, seriöse Berater zu finden, so Daufenbach. Der Markt ist wesentlich weniger geregelt als in Deutschland. Es gibt weniger Sicherheit, dass Abmachungen eingehalten werden und der Klageweg wäre viel zu kompliziert.

Auch im alltäglichen Business ist Geduld gefragt, es kann bei einem Treffen schon mal eine Stunde später werden. „Vor allem Chefs und Einkäufer zeigen so ihre Macht", erläutert Sachdeva. Deutsche müssten trotzdem pünktlich sein, das wird schließlich im Sinne des

Stereotyps von ihnen erwartet. Generell gelten die Deutschen als sehr stark technisch orientiert, die Inder schätzen die gute Qualität deutscher Produkte. Für Deutsche ist schwer zu verstehen, welch große Rolle Religion und Spiritualität in Indien spielen. So ist es üblich, dass auch IT-Manager mit westlichem Lebensstil trotzdem jeden Tag den Tempel besuchen und den Göttern opfern.

Spätes Essen, früher Schluss

Eine gute Arbeitsbeziehung schafft man auch in Indien durch gemeinsames Essen. Dabei sollte man nicht nur über die Arbeit sprechen, sondern sich offen und spontan zeigen. Der Unterschied zum deutschen Business-Essen liegt im zeitlichen Ablauf. Der gemütliche Teil findet öfter auch einmal vor dem Dinner statt. Nach dem Abendessen ist die Veranstaltung für deutsche Begriffe häufig abrupt zu Ende. Wichtig beim Essen: nie die als unrein geltende linke Hand benutzen. Was die Wahl der Getränke angeht: Mit Mineralwasser und Softdrinks ist man immer auf der sicheren Seite. Moslems trinken keinen Alkohol, Hindus manchmal. Hindus sind oft Vegetarier, Moslems essen kein Schweinefleisch. Wenn man in Indien selbst einlädt, sollte man vorher klären, ob vegetarisches Essen bevorzugt wird. Ist man selbst Vegetarier, erntet man dafür Respekt.

Besuch aus Indien

„Wenn Inder nach Deutschland kommen, kann man vor einem Riesenproblem stehen, weil sie mit der für sie fremden Küche wenig anfangen können", weiß Daufenbach aus Erfahrung. Salat und rohe Speisen sind nicht beliebt, vegetarisches Essen sollte auf jeden Fall gekocht sein. Es empfiehlt sich, chinesisch essen zu gehen oder andere hochwertige asiatische Restaurants aufzusuchen. Es kann auch sinnvoll sein, die indischen Gäste im Appartement statt in einem Hotelzimmer unterzubringen, damit sie selbst kochen können. Das sollte man vorab mit dem indischen Delegationsleiter besprechen. Gut kommt es bei indischen Gästen auch an, sie nach Hause einzuladen – in Indien ist das üblich. Der Besuchsplan sollte Luft zwischen Terminen beinhalten, um flexibel auf die Wünsche der Gäste eingehen zu können.

Asien

Last-Minute-Überblick

→ Hierarchische Strukturen sind noch stark ausgeprägt, Stellung des Gegenübers daher besser vorher erkunden. Älteren sollte man unbedingt Respekt erweisen durch zurückhaltende Gesten und leises Sprechen.

→ Beim Kennenlernen nur den Namen nennen ohne weitere Erklärung und auf Nachfragen warten, sonst gilt man als arrogant. Tabu-Themen beim Small Talk: Politik und Geschlechter-Beziehungen.

→ Händeschütteln zur Begrüßung ist unüblich.

→ Die Kommunikation unter Kollegen ist locker, E-Mails sind informell und ohne Begrüßungsformeln, Briefe und Faxe dagegen sehr höflich.

→ Inder verhandeln gern, daher sollte man Spielraum einplanen und auf Nachverhandlungen vorbereitet sein.

→ Statussymbole spielen eine wichtige Rolle, bei Indien-Reisen die neuesten technischen Geräten mitnehmen.

Indische Botschaft
Botschaft der Republik Indien
Tiergartenstraße 17
10785 Berlin
Tel.: 0 30 / 25 79 50
www.indianembassy.de

Indien

Deutsche Botschaft in Indien
Embassy of the Federal Republic of Germany
No. 6/50G, Shanti Path, Chanakyapuri
New Delhi 110021
India
Tel.: 00 91 / 11 / 26 87 18 31 37
www.germanembassy-india.org

Tourismus-Info in Deutschland
Government of India Tourist Office
Baseler Straße 48
60329 Frankfurt
Tel.: 0 69 / 2 42 94 90
www.india-tourism.de

Tourismus-Info in Indien
Ministry of Tourism and Culture
Government of India
Transport Bhavan, Parliament Street
New Dehli 110 001
India
Tel.: 00 91 / 11 / 2 37 19 95
www.incredibleindia.org

Malaysia
Ein spannender Kosmos mehrerer Völker

Zahlen und Fakten	
Fläche:	330 000 km²
Staatsform:	Konstitutionelle Wahlmonarchie
Hauptstadt:	Kuala Lumpur
Verwaltung:	Die Malacca-Halbinsel besteht aus 13 Bundesstaaten; vor der Gründung der Föderation Malaysia durch den Zusammenschluss mit Singapur, Sarawak und Sabah (1963) bildeten diese Staaten den Malaiischen Bund.
Amtssprache:	Bahasa Malaysia (Malaiisch), Chinesisch, Tamil und Iban (Regionalsprachen), Englisch (wichtige Bildungs- und Verkehrssprache)
Bevölkerung:	25,5 Mio.
Religion:	60% Islam (Staatsreligion), 19% Buddhisten, 7% Hindus, 9% Christentum, außerdem unter den Chinesen verbreitet Konfuzianismus und Taoismus
Währung:	Malayische Ringgit (RM) zu 100 Sen
Wirtschaft:	Tourismus, Erdöl- und Erdgasförderung, Produktion elektronischer Bauteile und integrierter Schaltkreise, Herstellung von Kautschuk und Palmöl
Klima:	Während des ganzen Jahres tropisch feuchtwarmes Klima

Frühe Industrialisierung, Rohstoffreichtum, vielfältige Industrie von Petrochemie über Autozulieferer bis zur modernen High-Tech-Produktion und gut ausgebildete Mitarbeiter – Malaysia ist ein Land mit zweistelligem Wirtschaftswachstum, das auch in Zukunft als Standort interessant sein wird. Davon ist Dr. Rolf Daufenbach überzeugt: „Es gibt wenig Althergebrachtes, Malaysia ist eine extrem offene Kultur für andere, neue Einflüsse." Vier Jahre lang hat der Diplom-Psychologe als externer Consultant ein Projekt der Gesellschaft für Technische Zusammenarbeit in Malaysia betreut, heute ist er als Trainer beim interkulturellen Trainingsinstitut Ifim für Südostasien zuständig. Wer Geschäfte in Malaysia macht, hat keineswegs nur mit den Angehörigen einer Volksgruppe zu tun. Es gibt dort drei große ethnische Gruppen, die sich kulturell ganz unterschiedlich verhalten: Die eingeborene Bevölkerung, die Malaien, die die muslimische Mehrheit der Bevölkerung darstellen, Chinesen und

Inder. Die Chinesen stellen die Mehrheit im malaysischen Business, chinesische Familien kontrollieren die großen Unternehmen des Landes. Inder sind oft im mittleren Management, die Malaien meist auf Mitarbeiterebene zu finden. Andererseits sind die Malaien auch diejenigen, die der politischen Elite angehören und das Land regieren. Ein Quotensystem sorgt dafür, dass die Malaien angemessen in den Führungsetagen der Unternehmen vertreten sind. Zwischen den drei großen Bevölkerungsgruppen kommt es immer wieder zu Spannungen. Offiziell nimmt Malaysia für sich jedoch in Anspruch, ein „Land ethnischer Harmonie" zu sein. Kritische Punkte, die mit Fragen der Völkergruppen zusammenhängen, sollten deshalb als Tabu behandelt werden. Um im Business in Malaysia erfolgreich zu sein, ist es andererseits aber extrem wichtig zu berücksichtigen, ob der Geschäftspartner nun Inder, Chinese oder Malaie ist.

Traditionelle und modern orientierte Chinesen

Viele wohlhabende Chinesen haben im Ausland studiert und sprechen wegen ihrer unterschiedlichen chinesischen Muttersprachen wie etwa Mandarin oder Kantonesisch auch untereinander nur englisch. Das konstatierte Michael Veit, der heute bei einer internationalen Strategieberatung tätig ist, bei einem früheren Aufenthalt in Malaysia. Grundsätzlich gibt es bei den chinesisch-stämmigen malaysischen Geschäftsleuten zwei Gruppen: Die eine führt ihre Geschäfte bereits seit mehreren Generationen – und beschäftigt meist auf traditionelle Art und Weise ausschließlich Familienmitglieder in Führungspositionen. Die andere Gruppe ist erst in der ersten Generation selbstständig und modernen Management-Methoden gegenüber aufgeschlossener. Einen großen Unterschied gibt es zwischen beiden Gruppen auch, was den Handlungsradius der Frauen angeht, so Michael Veit. In traditionellen Familien sind Frauen nicht in die Geschäfte der Familie eingebunden und übernehmen auch keine Führungsrollen. In modern eingestellten Familien dagegen sind Frauen auch dann beruflich sehr engagiert, wenn sie Kinder haben. Beiden Gruppen gemeinsam ist, dass sie Veits Ansicht nach ein ganz anderes geschäftliches Risikoverhalten an den Tag legen als Deutsche. Während sich diese auf ihr bereits bestehendes Wissen stützen und oft mit bereits erprobten Produkten in einen zusätzlichen Markt expandieren, sagen sich Chinesen eher: „Ich kann alles und was ich nicht kann, kann ich lernen." Das führt dazu, dass sie eher ein völlig neues Business zu ihren Geschäften hinzunehmen und so Unternehmenskomplexe entstehen, die unterschiedlichste Branchen in sich vereinen. So versuchen Deutsche und Chinesen jeweils auf unterschiedlichem Wege, ihr Risiko bei einer Expansion zu minimieren.

Hierarchien werden kultiviert

In einer Untersuchung des niederländischen Soziologen Geert Hofstede darüber, inwieweit sich Angestellte in Hierarchien einordnen, erhielt Malaysia die meisten Punkte (104), während Deutschland im unteren Teil der Werteskala nur 35 Punkte erreichte. „Das bedeutet, dass in Malaysia Hierarchien als Teil der allgemeinen Mentalität nicht nur erwartet und akzeptiert, sondern auch sehr kultiviert werden", erläutert Melinda Madew, die von den Philippinen stammt und als interkulturelle Trainerin unter anderem auf Südostasien spezialisiert ist. In Malaysia arbeitet man nicht für seinen Status, sondern wird in ihn hineingeboren. In Deutschland wird dagegen sehr viel Wert auf Gleichheit gelegt. Die Position, die jemand in einer Firma innehat, resultiert aus Verdiensten und nicht aus familiären Beziehungen. „Obwohl auch in Deutschland sehr wohl hierarchische Abhängigkeiten bestehen, wird dort der rangniedrigste Angestellte eines Büros respektiert und genauso höflich angesprochen und behandelt wie der Vorstandsvorsitzende", konstatiert Madew.

Den hierarchischen Status bezeugen Titel, ihre Verwendung spielt deshalb in Malaysia eine große Rolle. Es gibt viele Sultanate; die Sultane sind sowohl religiöse Oberhäupter als auch politische Repräsentanten auf regionaler Ebene. Solche Titel werden immer wieder neu vergeben. Ihre Träger werden dann als „Frühstücksdirektoren" in Aufsichtsräte berufen. Die Visitenkarte informiert über die Titel – wie etwa Dato, Tun oder Tan Sri, manchmal werden sie nur mit einzelnen Buchstaben abgekürzt. Malaysier verwenden auch gerne ihre akademischen Titel. Zuerst wird der Titel genannt, dann der Vorname. Am besten erkundigt man sich, wie eine Person angesprochen werden möchte. Westliche Frauen sollten warten, bis der Mann ihnen zuerst die Hand gibt. Falls er nicht den Anfang macht, sollte sie lächeln, um ihren Gruß zu signalisieren. Nach der Vorstellung wird die Visitenkarte ausgetauscht. „Präsentieren Sie Ihre Visitenkarte mit beiden Händen und so, dass Ihr Gegenüber sie lesen kann. Lesen Sie aufmerksam die Karte, die sie erhalten haben. Schreiben Sie nie auf eine Visitenkarte, die Ihnen überreicht wurde", fasst Madew den Karten-Knigge zusammen.

Softe Kommunikation

In Malaysia ist man extrem vorsichtig und sehr höflich, wenn man mit Autoritäten spricht. Frauen und ältere Leute werden mit besonderem Respekt behandelt. Und trotz der Animositäten zwischen den verschiedenen ethnischen Gruppen begegnen sich die einzelnen Mitglieder untereinander höflich und freundlich. „Die Deutschen sind Gefangene ihrer eigenen Regeln", sagt Trainerin Madew und warnt: „Die direkte deutsche Geschäftssprache kann in Malaysia als Grobheit verstanden werden." Um ein Gefühl für diese unterschiedliche Wahrnehmung zu bekommen ist es nützlich, sich etwas näher mit dem stereotypen Bild der Deutschen zu beschäftigen, wie es aus malaysischer Perspektive aussehen kann. „Deutsche sind nicht flexibel und wissen nicht, wie man sich unterordnet. Sie sind Individualisten, denken nur an sich als Einzelnen und an den persönlichen Erfolg, nicht ans ‚wir'. Sie haben gerne alles unter Kontrolle, übernehmen gerne Führungspositionen. Sie sind peinlich genau, achten auf jedes noch so kleine Detail. Sie arbeiten nur mit Fakten, trauen Ideen und Visionen nicht. Sie sind intelligent, kompetent und sehr effizient. Sie sind Sklaven der Uhr, Zeit ist ihr ‚Meister'. Sie sind immer in Eile. Sie sind fair und ehrlich. Sie meinen, was sie sagen und sagen, was sie meinen", referiert Madew das klischeehafte Bild über die Deutschen aus asiatischer Sicht, das deutlich macht, wo die Knackpunkte bei der Zusammenarbeit liegen könnten.

Oft entwickeln sich echte Kooperationen erst langsam, stellte Veit fest. Man redet meist sehr spät übers Geschäft, an erster Stelle steht das persönliche Kennenlernen. Dabei sollte man sich selbst den

Wettbewerbern gegenüber gut darstellen und durchaus auf bisherige Erfolge verweisen. So zeigt sich, wie viel Macht jeder hat – wobei nicht direkt nach Umsatzzahlen oder Beschäftigten gefragt werden sollte. Unüblich ist es bei Businessgesprächen auch, Kritik an politischen Führungskräften, malaysischen Gesetzen und religiösen Riten zu üben. Bevor in die richtigen Verhandlungen eingestiegen wird, sind oft erst einmal gemeinsame Besuche von Karaoke-Bars mit reichlichem Genuss alkoholischer Getränke an der Tagesordnung. „Trinkfest zu sein ist auch ein Zeichen von Stärke", sagt Veit, der auch erlebt hat, dass Geschäfte unter Männern später im Spa-Bereich abgeschlossen wurden.

„Erst telefonieren, bevor Sie mailen oder schreiben", betont Madew die Bedeutung der persönlichen Kommunikation. Wenn man doch schreibt, sollte der Brief immer positiv beginnen, bevor man Fakten anspricht – je nachdem mit Grüßen und Formulierungen, die Anerkennung zeigen, oder mit einem Dank. „Vermeiden Sie, Negatives per Brief oder Mail mitzuteilen", empfiehlt Madew. „Geben Sie schriftlich keine Anweisungen, wie Deutsche es gerne tun. Machen Sie keinen Termindruck und üben Sie keine Kritik. Der freundliche Ton in Ihrem Brief ist viel wirkungsvoller als ein drohender."

Hartes Verhandeln

„Die Malaysier sind ein Volk mit einer ‚mündlichen Kultur'. Das gesprochene Wort ist so wichtig wie das geschriebene", sagt Madew. Um Missverständnisse zu vermeiden, sollte man Vereinbarungen, die in Meetings getroffen wurden, schriftlich fixieren. Bevor ein offizielles Meeting beginnt, kann man höflich vorschlagen, dass ein Protokoll geführt wird. Denn Malaysier neigen dazu, Vertragsbedingungen zu revidieren. Auch wenn ein Vertrag unterzeichnet ist, kann es sein, dass sie einige Dinge nochmals ändern möchten, auf die man sich bereits verständigt hatte. „Am Ende der Sitzung gehen Sie die einzelnen Punkte noch einmal durch, um die getroffenen Vereinbarungen zu unterstreichen. Tun Sie dies kurz und bündig, damit es keine erneuten Diskussionen gibt", ist der strategische Rat von Trainerin Madew. „Verhandlungsgeschick kann man auch lernen!" Das sollte man auch, denn Malaysia ist eine Händlerkultur – man muss damit rechnen, dass die andere Seite sehr gut und ausgiebig verhandelt. Sind die Geschäftspartner Chinesen, ist es für Deutsche oft schwer, ihre Ziele bei Verhandlungen zu durchschauen. Als Kunde sollte man die Produkte genau auf Echtheit und Qualität prüfen, rät Malaysia-Experte Daufenbach. Und man sollte bei chinesischen Geschäftspartnern besonders pünktlich sein, denn für sie gilt: „Time is money." Auch bei wichtigen Anlässen wie etwa einem Empfang bei einer hochrangigen Person, einem Behördenbesuch oder auch einem Bewerbungsgespräch sollte man bereits vor der Respektsperson anwesend sein. Ansonsten spielt auch hier das Stereotyp eine Rolle. Melinda Madew erklärt: „Von Ausländern wird erwartet, dass sie pünktlich sind. Aber Malaien nehmen es mit der Zeit nicht so genau – sie sind da ganz flexibel. Rechnen Sie damit, dass Verhandlungen sehr langsam vonstatten gehen und zeitintensiv sind."

Vielfalt im kulinarischen Paradies

Zu den Verhandlungen gehören natürlich auch Business-Essen, die in Malaysia stark chinesisch geprägt sind, hat Daufenbach festgestellt. Chinesisches Essen gilt allgemein als gut, indisches und malaiisches Essen als minderwertiger. Meist wird eine Vielzahl von Speisen auf runden Drehtabletts präsentiert, jeder nimmt sich aus der Mitte, oft auch mit Stäbchen. Wenn man selbst einlädt, sollte man überlegen, welcher Religionsgemeinschaft die Gäste angehören: Hindus sind oft Vegetarier oder essen zumindest kein Rindfleisch, Moslems essen kein Schweinefleisch und trinken keinen Alkohol. Der Konsens für alle könnte also in Hühnchen, Fisch und Gemüsegerichten bestehen. Darben muss man dabei nicht: „Zu den malaiischen, indischen und chinesischen Restaurants kommen auch noch thailändische. Malaysia ist ein Essensparadies", schwärmt Daufenbach.

Wenn es um Einladungen zu gesellschaftlichen Anlässen geht, rät Madew zu Geduld: „Erst wenn man Vertrauen zu Ihnen gefasst hat, werden Sie zu diesen Treffen zugelassen." Kommt eine Einladung, sollte man unbedingt zusagen und nur mit stichhaltiger Begründung fernbleiben, damit die einladende Person ihr Gesicht wahren kann.

Als Gastgeschenke eignen sich Obst und Schokolade. In einem moslemischen Haus sitzt man vielleicht auf dem Boden – Männer im Schneidersitz oder im Lotussitz, Frauen auf ihren untergeschlagenen Beinen. Die Beine auszustrecken oder mit den Füßen auf jemanden zu zeigen, gilt als unhöflich. Die Sitzordnung ist hierarchisch, man sollte warten, bis einen der Gastgeber zum Platz führt. Europäer sollten außerdem wissen, so Madew: „Berühren Sie niemals Kopf oder Haare anderer Leute, auch nicht von Kindern. Der Kopf wird als heilig angesehen. Zeigen Sie nicht mit dem Finger. Verwenden Sie die geöffnete Handfläche, um auf etwas hinzuweisen. Bieten Sie niemals mit der linken Hand Geschenke an oder Speisen und berühren Sie niemanden mit der als unrein geltenden linken Hand."

Egal ob Einladungen nach Hause oder ins Restaurant – man sollte sie nutzen, Kontakte aufzubauen, Freundschaften zu knüpfen und den eigenen Einflussbereich zu erweitern. „Hören Sie nicht auf mit Netzwerken, Netzwerken, Netzwerken", ist Melinda Madews persönlicher Tipp für Deutsche, die in Malaysia erfolgreich sein wollen. Denn in Malaysia ist es in Ordnung, Geschäftsbeziehungen mit Freunden oder Familienmitgliedern zu haben – mit Menschen, mit denen man in persönlicher Beziehung steht. Man macht Geschäfte mit den Menschen, denen man vertraut. Ähnlich wie in Indien ist der Führungsstil zwar stark patriarchalisch geprägt, die Gespräche zwischen Mitarbeitern sind aber trotzdem persönlicher und freundschaftlicher als in Deutschland. Die Business-Kleidung unterliegt ähnlichen Regeln wie in Deutschland, ist aber etwas konservativer. Nur das Jackett ziehen Männer wegen der Hitze relativ schnell aus. „Am besten beobachtet man, wie es andere halten und orientiert sich daran", rät Daufenbach. Für Frauen gilt: Hosenanzüge, Jeans oder weite Hosen sind nicht angemessen, Kleider und Röcke sollten das Knie bedecken, Blusen den Oberarm. Außerdem sollte man gelbe Kleidung vermeiden, weil diese Farbe dem Königshaus vorbehalten ist, rät Madew.

Asien

Malaysische Besucher in Deutschland

„Waldspaziergänge, Fahrradtouren oder Kirchenbesichtigungen interessieren Malaysier eher wenig, wenn sie in Deutschland zu Besuch sind", weiß Trainer Daufenbach. Besser sollte man seine Gäste dorthin ausführen, wo etwas los ist – etwa auf ein Volksfest, ein Popkonzert oder auf den Weihnachtsmarkt. Michael Veit hat mit seinen Gästen den Autohändler einer Nobelmarke aufgesucht und später auch das Autowerk besichtigt, was bei den Besuchern gut ankam. Veit betont, dass Restaurantbesuche eine wichtige Rolle spielen: „Es darf nichts zu schade sein, man muss ein bisschen Show machen." Am besten sei es, die Gäste zu fragen, welche Restaurant-Richtung sie bevorzugen. Traditionell geprägten Chinesen sollte man aber auf jeden Fall auch vorschlagen, mit ihnen chinesisch essen zu gehen. Melinda Madew empfiehlt, sich vorher auch zu informieren, ob der Gast praktizierender Hindu, Moslem oder Christ ist. So wisse man, ob bestimmte Zeiten Gebeten vorbehalten sind und gewisse Speisen nötig sind. Geschäftsbesuche während spezieller religiöser Feiertage sollte man vermeiden.

Den Gast zum Tee oder Abendessen nach Hause einzuladen, ist eine gute Möglichkeit, die Beziehung weiter zu vertiefen. Außerdem sollte man dem Besucher Hilfe beim Einkaufen von Geschenken für Frau und Kinder anbieten. Der Aufenthalt im Unternehmen lässt sich gut nutzen, um PR für die eigene Firma zu machen und gleichzeitig eine vertrauensvolle Beziehung zum malaysischen Geschäftspartner aufzubauen. „Führen Sie Ihren Gast durch Ihre Firma und stellen Sie ihn wichtigen Leuten vor. Das ist eine gute Möglichkeit zu zeigen, welche Arbeitsschwerpunkte Ihr Unternehmen hat, auf welchem Wissens- und Technologiestand es sich befindet und wie miteinander gearbeitet wird. Am Ende des Besuchs betonen Sie die Erfolge, die die Firma aufgrund dieses Besuches verbuchen konnte. Lassen Sie Ihren Gast wissen, dass Sie sehr daran interessiert sind, eine langfristige Beziehung aufzubauen", schlägt Madew vor.

Malaysia

Last-Minute-Überblick

→ Hierarchien werden respektvoll akzeptiert, Titel spielen eine große Rolle.

→ Konservative Kleidung wählen; für Frauen gilt: besser Rock statt Hose.

→ Bei der Begrüßung Visitenkarten austauschen und sofort betrachten. Achtung: nie etwas darauf notieren.

→ Persönliche Kommunikation zählt, also erst telefonieren bevor man mailt oder schreibt. Kritische Bemerkungen in Briefen und E-Mails vermeiden, positiven Ton anschlagen.

→ Eine Essenseinladung dient der Vertiefung der Beziehung, möglichst immer zusagen.

Malaysische Botschaft
Botschaft von Malaysia
Klingelhöferstraße 6
10785 Berlin
Tel.: 0 30 / 8 85 74 90
www.malemb.de
E-Mail: info@malemb.de

Deutsche Botschaft in Malaysia
Embassy of the Federal Republic of Germany
26th Floor Menara Tan & Tan
207, Jalan Tun Razak
50400 Kuala Lumpur
Malaysia
Tel.: 00 60 / 3 / 21 70 96 66
www.kuala-lumpur.diplo.de

Asien

Tourismus-Info in Deutschland
Malaysia Tourism Promotion Board
Rossmarkt 11
60311 Frankfurt
Tel.: 0 69 / 28 37 82
www.tourismmalaysia.de

Tourismus-Info in Malaysia
Ministry of Culture, Arts and Tourism
17th Floor, Menara Dato' Onn
45, Jalan Tun Ismail
Putra World Trade Centre
50480 Kuala Lumpur
Malaysia
Tel.: 00 60 / 3 / 26 15 81 88
http://tourism.gov.my

Südkorea
Hart arbeiten hat Priorität

Zahlen und Fakten

Fläche:	99 600 km²
Staatsform:	Einheitsstaat mit eingeschränkter kommunaler Selbstverwaltung, Republik mit Präsidialverfassung
Hauptstadt:	Seoul
Verwaltung:	Gliederung in neun Provinzen *(Do)* und sieben Städte mit Provinzstatus
Amtssprache:	Koreanisch
Bevölkerung:	48 Mio.
Religion:	26% Buddhisten, 26% Christen, sonst Konfuzianismus und konfessionslos
Währung:	Won zu 100 Chon
Wirtschaft:	Autobranche, Schiffsbau, Produktion elektrischer und elektronischer Erzeugnisse, Herstellung von Stahl und Maschinen, Chemikalien, Textilindustrie
Klima:	Gemäßigtes Klima mit kalten, trockenen Wintern und heißen, niederschlagsreichen Sommern

Während die sozialistische Volksdemokratie Nordkorea nach wie vor ein abgeschottetes Inseldasein in der globalisierten Welt führt, gibt es vielfache Handelsbeziehungen von Europäern mit Südkorea (im Folgenden nur Korea genannt). Altes Brauchtum und Traditionen existieren dort neben modernster High-Tech-Industrie, die die Koreaner ständig weiterentwickeln. „Viele ambitionierte Koreaner teilen das Ideal, sich durch harte Arbeit in jungen Jahren möglichst schnell eine eigene Existenz aufzubauen, um dann andere für sich arbeiten zu lassen. Deshalb versuchen sie, jede Minute des Tagesablaufs fürs eigene Vorankommen zu nutzen, auch die Zeit, die andere Völker als private Zeit definieren. Arbeits- und Privatleben trennen nur wenige Koreaner", sagt Bastian Broer, Korea-Experte beim Ifim Institut für Interkulturelles Management.

Hierarchien bestimmen die Sprache

Während der Arbeit verhalten sich Koreaner aber nicht unbedingt formell, sondern pflegen herzliche Beziehungen zu ihren Kollegen. Allerdings hängt die Art des Umgangs mit dem Vorgesetzten sehr viel stärker als in Deutschland vom Stand der Beziehung zwischen Chef und Mitarbeiter ab. In Korea haben Hierarchien immer noch eine wesentlich stärkere Bedeutung als in Deutschland. Kennzeichnend dafür ist der Sprachgebrauch: Die koreanische Sprache kennt unterschiedliche Verbformen, die als Höflichkeitsformen in jedem Satz die hierarchische Beziehung der Sprecher untereinander kennzeichnen. „Wenn Koreaner von klein auf lernen, erst eine Einschätzung der relativen Hierarchie vorzunehmen, bevor sie einen kompletten Satz formulieren können, zeigt das, dass sie die Hierarchie viel stärker beachten müssen als Deutsche, die in ihrer Sprache diese Unterscheidung gar nicht kennen", erläutert Broer. Deutsche, die erfolgreich in Korea arbeiten wollen oder viel in Deutschland mit koreanischen Partnern zu tun haben, sollten koreanischen Geschäftsleuten entsprechend ihrer sozialen Hierarchie Respekt zollen. „Egalitären Umgang schätzt man in Korea nicht sonderlich, Deutsche tun deshalb gut daran, hierarchische Unterschiede stärker zu beachten, als sie es gewohnt sind", rät Trainer Broer.

Im vom Konfuzianismus geprägten Korea zählt die Loyalität gegenüber Personen – unabhängig von den Umständen. Loyalität gegenüber einer abstrakten Sache oder Institutionen ist dagegen zweitrangig. Das bedeutet, dass koreanische Kunden von ihren deutschen Partnern jederzeit als wertgeschätzte Kunden behandelt werden möchten: „Den Satz ‚Das geht nicht, weil...' hören koreanische Kunden sehr ungern. Und ‚Da könnte ja jeder kommen!' bleibt für koreanische Ohren völlig unverständlich. Koreanische Geschäftspartner möchten individuell angesprochen werden, so wie es ihnen aufgrund der Geschäftsbeziehung zusteht", weiß Korea-Kenner Broer. In ihren Ambitionen und ihrem Einsatz möchten Koreaner gern bestätigt werden. Aussagen deutscher Partner wie „Wir wollen mal realistisch bleiben" könnten deshalb leicht als Abwertung verstanden werden.

Südkorea

Chefs werden von Problemen verschont

Was die unbedingte Loyalität koreanischer Mitarbeiter ihren Vorgesetzten gegenüber bedeutet, lernte der bei einer deutschen Beratungsfirma tätige Marc von Braun sehr schnell, als er mit seinem Team einen koreanischen Elektronikkonzern bei der Einführung neuer Produkte auf dem europäischen Markt beriet. Sein Ansprechpartner war der koreanische Projektleiter, der sich vor Ort in Deutschland aufhielt. Als unerwartete Probleme und damit verbunden Fragen auftauchten, auf die der koreanische Projektleiter zunächst auch keine Antwort wusste, wollte von Braun das gern mit dessen Chef klären. Doch sein koreanischer Ansprechpartner winkte ab. Ein Treffen mit seinem Chef sei keinesfalls nötig, das müssten sie unter sich ausmachen. „Er hätte sonst seinem Chef gegenüber sein Gesicht verloren, wenn er ihn mit diesen Problemen behelligt hätte", vermutet von Braun. Um schließlich doch weiter arbeiten zu können, musste sein Team äußerst zeitaufwändig verschiedene mögliche Lösungswege ausarbeiten, damit der koreanische Projektleiter mit seiner Entscheidung seinem Chef gegenüber bei Rückfragen in jedem Fall abgesichert gewesen wäre. Asien-Experten bestätigen, dass Informationen über Fehler, die dem Chef schaden könnten, oft ignoriert und zurückgehalten werden, selbst wenn es dadurch zu Fehlern in der Produktion kommt. Doch von Braun kam das Prinzip „Wahrung des Gesichts" auch selbst zugute. Als es um die Projektverlängerung ging, verhandelte er mit dem Chef des Projektleiters über das Budget. Als von Brauns Verhandlungsspielraum ausgereizt war, sagte er, dass er erst mit seinem Chef sprechen müsse, bevor er mit dem Preis weiter heruntergehen könne. „Nein, das möchte ich keinesfalls. Das machen wir unter uns", war daraufhin die unumstößliche Reaktion des koreanischen Kunden, der dann doch den von Braun genannten Preis akzeptierte.

Beziehungen ebnen Wege im Business, regional und global. Zuweilen sind in Korea Beziehungen über Dritte nötig, um Kontakt aufzunehmen. Networking spielt deshalb eine wichtige Rolle. Man muss Augen und Ohren offen halten, um Leute kennen zu lernen. Das koreanische Prinzip sieht folgendermaßen aus: Wird ein neuer Kontakt von einem Dritten arrangiert, geht ein Teil der bestehenden Beziehung auf die neu zu etablierende Beziehung über – unter

Umständen erhöht das den eigenen Status in der Hierarchie. Titel spielen für den Status eher in kleineren Firmen eine Rolle und stehen dann auch auf den Visitenkarten. Wer allerdings in einem großen Chaebol, einem koreanischen Konzern, untergekommen ist, legt häufig nicht mehr allergrößten Wert auf den akademischen Titel. „Es ist dann wichtiger, ein Samsung-Mann zu sein, als Dr. der Wissenschaft", erläutert Broer.

„Zufällige" Termine

Was das Vereinbaren von Business-Terminen angeht, so leiten Koreaner es oft mit der Floskel ein „Montag bin ich zufällig in Ihrer Gegend", weiß Trainer Broer. Er rät deshalb Deutschen, gemeinsame Treffen vorsichtig zu empfehlen, damit Koreaner auch ohne Probleme ablehnen können. Bei der Vorbereitung der Gespräche sollten sich Deutsche darauf einstellen, dass Koreaner auch noch aus anderer Perspektive eine für sie fremde Kultur haben. „Deutschland kann man als Handwerkerkultur ansehen, Korea als Händlerkultur", erläutert Broer. Das bedeutet, dass die koreanischen Partner meist erst einmal austesten, was die andere Partei zu zahlen bereit ist. Pünktlichkeit ist bei solchen Treffen übrigens so wichtig wie die Person, die man trifft, – auch das verhält sich eben relativ zur Hierarchie.

Für Aufzeichnungen bei Besprechungen sollte man keine roten Stifte benutzen: Mit dieser Farbe wurden früher in Korea die Todesurteile geschrieben. Bei der Begrüßung werden die Visitenkarten auf ganz bestimmte Art und Weise überreicht: mit beiden Händen und so, dass der Empfänger sie gleich lesen kann. Die Karten legt man während des Meetings neben sich. Zum respektvollen Umgang gehört es auch, nichts darauf zu notieren. Dass dieses Ritual so wichtig ist, begründen Korea-Experten damit, dass Koreaner andere Menschen erst dann richtig wahrnehmen, wenn sie ihnen persönlich und namentlich bekannt sind. So erklären sie auch das in europäischen Augen oft rüde Verhalten von Koreanern im öffentlichen Raum, wie etwa auf der Straße, wo häufiges Anrempeln zur Tagesordnung gehört. Diesen fremden Menschen gegenüber muss man nicht höflich sein, man kennt sie ja nicht persönlich!

Südkorea

Rituale im Restaurant

Falls die Besprechung in einem traditionellen koreanischen Restaurant stattfindet, muss man damit rechnen, die Schuhe auszuziehen. Egal, welche Art von Restaurant man besucht – es schadet nicht, einigermaßen trinkfest zu sein. Doch Marc von Braun, der mehrmals für Kundengespräche nach Korea reiste, beeindruckte beim Business-Essen nicht nur die Menge an Bier und Reisschnaps, die dazu gereicht wurde, sondern vor allem auch das höfliche und respektvolle Ritual des Einschenkens. Man nimmt sich nie selbst, sondern schenkt seinen Nachbarn oder seinem Gegenüber mit der linken Hand ein, während man mit der rechten Hand ans Herz fasst und sich leicht verbeugt.

Sollte man einen Dolmetscher hinzuziehen, auch wenn der koreanische Geschäftspartner englisch spricht? „Ein Dolmetscher ist eine Vertrauensperson, die man als Werkzeug einsetzt. In vielen, etwas kniffligen Situationen kann ein Dolmetscher sehr hilfreich sein, um die Kontakte zum koreanischen Partner effektiv zu gestalten. In solchen Situationen ohne Not auf einen Dolmetscher zu verzichten, ist nicht ratsam", sagt Broer.

Deutsche Businessfrauen sind in Korea gut beraten, noch stärker und bewusster als ihre männlichen Kollegen auf geliehene Autorität zu bauen und sich von hochrangigen Personen ankündigen und empfehlen zu lassen. „Das widerspricht zwar häufig dem Selbstbild moderner deutscher Managerinnen, hilft aber trotzdem, um von den koreanischen Kollegen als Entscheidungsträgerin anerkannt zu werden", weiß Broer. Und er warnt: „In Korea kennt man keine uneindeutige Zweisamkeit von Männern und Frauen. Sollte eine deutsche Geschäftsfrau einen koreanischen Geschäftsmann zu einem Bier zu zweit einladen, könnte sich der koreanische Geschäftsmann zu mehr animiert fühlen als nur zu einem Drink."

Unterschiede zu Japan und China

Koreaner zeigen meist Emotionen deutlicher als Japaner und sind oft auch flexibler. Denn Japan gilt wie Deutschland als

Handwerkerkultur, was bei der Planung fürs Management den entscheidenden Stellenwert hat. Was den Unterschied zu China angeht, so stehen in Korea einzelne Business-Helden stärker im Vordergrund. Viele Koreaner möchten gern als diejenigen gesehen werden, die alles schaffen und wie Stars behandelt werden, hat Broer festgestellt. In China läuft dagegen mehr hinter der Bühne ab. Wer zu sehr aus der Gruppe heraussticht, bekommt leicht Schwierigkeiten.

Wenn koreanische Geschäftspartner zu Besuch nach Deutschland kommen, ist es ebenfalls wichtig, ihnen zu verstehen zu geben, dass sie eine hochwertige Sonderbehandlung erhalten – selbst, wenn sie Standard sein sollte. Dazu gehört es beispielsweise zu erwähnen, dass man ein besonders gutes Restaurant ausgesucht hat. Für gemeinsame Einkaufstouren sollte man wissen, dass Koreaner oft „Ausländer-Aufschläge" befürchten und lieber Listen- beziehungsweise Standardpreise bezahlen.

Last-Minute-Überblick

→ Hierarchien sind wichtig, daher soziale Stellung des Geschäftspartners beachten; mit Problemen werden Vorgesetzte nicht behelligt.

→ Koreanische Kunden erwarten ausdrückliche Wertschätzung und individuelle Betreuung.

→ Visitenkarte lesbar mit beiden Händen überreichen, nichts auf die erhaltene Karte notieren.

→ In koreanischen Restaurants damit rechnen, die Schuhe auszuziehen, und Bewirtungs-Rituale beachten.

→ Als Business-Frau lässt man sich besser von hochrangigen Personen ankündigen oder empfehlen.

Südkoreanische Botschaft
Botschaft der Republik Korea
Schöneberger Ufer 89-91
10785 Berlin
Tel.: 0 30 / 26 06 50
www.koreaemb.de

Deutsche Botschaft in Südkorea
Embassy of the Federal Republic of Germany
308-5 Tongbinggo-Dong, Yongsan-Gu
Seoul 140-816
Republic of Korea
Tel.: 00 82 / 2 / 7 48 41 14
www.gembassy.or.kr

Tourismus-Info in Deutschland
Korea National Tourism Organization
Baseler Straße 48
60329 Frankfurt
Tel.: 0 69 / 23-32 26; -49 73
E-Mail: kntoff@euko.de

Tourismus-Info in Südkorea
Ministry of Culture and Tourism
82-1 Sejong-Ro, Jongro-Gu
Seoul 110703
Republic of Korea
Tel.: 00 82 / 2 / 37 04 91 14
www.visitkorea.or.kr; www.knto.or.kr

Japan
Spagat zwischen Technologie und Tradition

Zahlen und Fakten	
Fläche:	377 887 km²
Staatsform:	Parlamentarische Demokratie
Hauptstadt:	Tokio
Verwaltung:	Gliederung in 47 Präfekturen, Hokkaido bildet eine eigene Präfektur; Tokyo, Osaka und Kyoto sind Stadtpräfekturen
Amtssprache:	Japanisch
Bevölkerung:	127 Mio.
Religion:	80% der Japaner bekennen sich zu mehreren Religionen: Shintoismus (107 Mio.), Buddhismus (91 Mio.), Christentum (1,4 Mio.)
Währung:	Yen zu 100 Sen
Wirtschaft:	Produktion elektrischer und elektronischer Geräte, Stahlverarbeitung, Automobilherstellung, Fischfang und Fischverarbeitung
Klima:	Übergang von kalten Wintern und warmen Sommern auf Hokkaido zu gemäßigtem bis subtropischem Klima auf Honshu, Shikoku, Kyushu und Okinawa

Kimonos und Kirschbaumblüte, Sony und der Schnellzug Shinkansen, Menschenmassen, die von Ordnern mit weißen Handschuhen in überfüllte U-Bahnen geschoben werden... Dieses und Ähnliches fällt einem beim Gedanken an Japan ein. Die Produktion modernster Technologien auf der einen Seite und die Befolgung althergebrachter Rituale und Traditionen auf der anderen – Japan vereinbart diese beiden Pole wie kaum ein anderes Land der Welt. Und das spielt auch für das „Business Behaviour" eine nicht zu unterschätzende Rolle. Zwar reist nicht jeder selbst beruflich nach Japan, im Zeitalter der Globalisierung haben viele aber immer öfter mit japanischen Gästen zu tun und sind für die Vorbereitung des Aufenthalts in Deutschland und die angemessene Betreuung japanischer Delegationen vor Ort verantwortlich. So wie etwa Simone Eckl, die als Assistentin bei einem deutschen Technologiekonzern arbeitet, der vor einigen Jahren eine Kooperation mit einer großen japanischen Firma einging. Als zum Abschluss der Gespräche der Präsident des japanischen Unternehmens nach Deutschland eingeladen wurde, erhielt Simone Eckl aus Japan vorab genaue Anweisungen per E-Mail. Die E-Mail schlüsselte auf, welche Art von Zimmer sie im Luxushotel für wen buchen sollte: für den Präsidenten die beste Suite, für seine zwei Stellvertreter je eine normale Suite und für die drei begleitenden Mitarbeiter jeweils ein normales Zimmer. Das erstaunte Simone Eckl, die von Gästen aus anderen Ländern im Voraus noch nie so genau instruiert worden war.

Schlüsselbegriff Respekt

„In Japan ist die Hierarchie viel wichtiger als in Deutschland. Deshalb sind zum Beispiel auch die Unterschiede zwischen Chef und Mitarbeiter viel stärker ausgeprägt", sagt Reiko Kobayashi-Weinsziehr. Die in der Nähe von Tokio aufgewachsene Japanerin lebt seit rund zehn Jahren in Deutschland. An der Münchner Universität promovierte sie zum Thema „Konfliktpotenziale deutsch-japanischer Kommunikation" und gibt dieses Wissen auch in interkulturellen Trainings an Unternehmen weiter. „In Japan zeigt sich der Respekt vor der Hierarchie nach Alter, Rangunterschied und Geschlecht – wobei Frauen den Männern Respekt erweisen müssen", erklärt Kobayashi-Weinsziehr. „Respekt" ist einer der Schlüsselbegriffe für die Kommunikation und äußert sich vor allem durch eines: durch Zurückhaltung. „Das ist der schwierigste Punkt für die Deutschen", weiß Kobayashi-Weinsziehr, denn in Deutschland gelte man als unsicher und inkompetent, wenn man zu zurückhaltend auftrete.

Eine weitere, sehr wichtige Verhaltensweise, um japanischen Geschäftspartnern, die in Deutschland zu Gast sind, Respekt zu erweisen, sei es, „Bitten sofort zu erfüllen". So zeigt man, dass man sich Mühe für den anderen gibt. „Japanische Sekretärinnen und Assistentinnen gehen deshalb nicht geruhsam, sondern laufen immer." Ein Verhalten, dass man in Deutschland eher als hektisch und unterwürfig empfinden würde. Doch es lohnt sehr, bei Bitten japanischer Geschäftsleute sofort, wenn diese geäußert werden, darauf einzugehen („Ja, sofort") und diese Bitten dann auch umgehend zu erledigen – zum Beispiel direkt die gewünschten Kopien zu machen, die gewünschten Unterlagen zusammenzustellen oder den gewünschten Gesprächspartner anzurufen. „Das ist der Erfolgstipp

Nummer eins!", rät Kobayashi-Weinsziehr. Wenn ein Ranghöherer, etwa jemand aus der Geschäftsleitung, zwischendurch eine andere Bitte hat, sollte man nicht der Reihe nach – zeitlich gesehen – vorgehen, sondern die Bitte des Ranghöheren zuerst erfüllen und sich erst dann wieder den anderen Aufgaben zuwenden, auch wenn das aus deutscher Sicht eine unangenehme Unterbrechung der Aufgabe bedeutet.

Visitenkarten-Knigge verstehen

Besonderer Respekt gebührt in Japan den Visitenkarten. Wenn Sie eine Karte erhalten, sollten Sie ebenfalls eine Karte überreichen. Die Karten werden mit beiden Händen entgegengenommen und auch mit beiden Händen überreicht und zwar so, dass der andere Ihren Namen lesen kann. Keinesfalls dürfen empfangene Visitenkarten achtlos eingesteckt werden, sondern müssen gebührend beachtet und sorgfältig behandelt werden. Während des Gesprächs legt man sie am besten gut sichtbar vor sich auf den Tisch. Es gilt als unhöflich, die Karte in die Tasche zu stecken, bevor man das Gespräch beginnt.

Der Respekt wird auch durch die Körpersprache wahrgenommen. „Nicht in die Augen starren, das gilt als provokativ, eher auf den Mund oder das Dekolleté schauen", empfiehlt Kobayashi-Weinsziehr. Sie warnt: „Lieber nicht die Beine übereinander schlagen, denn das interpretieren Japaner als arrogant." Frauen sollten außerdem weder kurze Röcke tragen, noch mit rot lackierten Nägeln auffallen – dezentes Schminken und das Tragen von Strümpfen auch im Sommer ist stattdessen angesagt. Leichter machen Frauen es den meist eher kleiner gewachsenen Japanern auch, wenn sie nicht zu hohe Absätze tragen – damit die Japaner nicht zu ihnen aufschauen müssen. Größere Frauen sollten aus diesem Grund lieber etwas den Kopf neigen und eventuell leicht in die Knie gehen. Trotzdem ist auch Kobayashi-Weinsziehr dafür, bestimmte Grenzen einzuhalten und nicht alles zu übernehmen: „In Japan sprechen Frauen mit hoher Stimme, deutsche Frauen kämen sich nur lächerlich vor, wenn sie das nachmachen würden."

Asien

Auch die Trainerin Margit Michel, die Japaner, die in Deutschland arbeiten, auf die deutsche Geschäftswelt und Alltagskultur vorbereitet und Deutsche in interkultureller Kommunikation schult, warnt davor, als Deutscher zu japanisch aufzutreten: Die Zauberformel heißt „authentisch bleiben": „Man sollte seiner Mentalität treu bleiben, aber dabei menschlich sensibel, aufmerksam, höflich und zurückhaltend auftreten." Im Grunde heißt das nichts anderes, als sich nach dem japanischen Prinzip des „Omoiyari"-Verhalten zu richten – was übersetzt soviel bedeutet wie „sich in die Situation des anderen hineinversetzen und dem anderen einen Gefallen tun".

Japanischen Besuchern vorab das Programm schicken

Japaner hätten oft viele Fragen, weil sie Unsicherheit vermeiden wollten, erläutert Kobayashi-Weinsziehr. Deshalb sollte für die Vorbereitung solcher Besuche viel Zeit eingeplant werden. Im Sinne des „Omoiyari" heißt das beispielsweise, vorab möglichst früh umfassende Informationen und das vollständige Programm nach Japan zu schicken. Am besten die Speisekarte eines Restaurants mit regionalen Spezialitäten vorher ins Japanische übersetzen lassen, oder etwa wie Simone Eckl eine Anfahrtsskizze für den nächsten Termin anfertigen. Doch diese Skizze den japanischen Gästen zu geben, war für Simone Eckl zunächst gar nicht so einfach: Nein, sie bräuchte die Skizze nicht ausdrucken, sie solle sich nur keine Umstände machen, sie kämen schon zurecht. So ging es zweimal hin und her, bis Simone Eckl den Japanern die Skizze nach europäischen Maßstäben regelrecht „aufzwang". Dann erschien es ihr aber doch so, als ob die Japaner froh über die Orientierungshilfe waren. Ein typischer Fall von „Omoiyari" eben – die Gäste wollten nicht zu viele Umstände machen.

Bei Besuchern Badekultur berücksichtigen

„Zur Vorbereitung auf den Besuch japanischer Geschäftspartner gehört es auch, sich in die japanische Badekultur hineinzuversetzen und für die Gäste aus Fernost ein Zimmer mit Badewanne zu bestellen", rät Bastian Broer, der als Trainer beim Ifim-Institut Interkulturelle

Kompetenz für Japan vermittelt. Bei Essens-Einladungen liegt man nach Einschätzung Broers mit China-Restaurants nicht falsch. Falls man ein japanisches Lokal auswählt, sollte man sich allerdings vorher unbedingt erkundigen, ob das Lokal immer noch einen guten Ruf hat. Deutsche Restaurants mit Lokalkolorit kommen ebenfalls gut an: „Die Japaner freuen sich, wenn sie zu Hause davon erzählen können", weiß Broer. Keinesfalls sollte man bescheiden sagen, dass dieses ausgewählte Restaurant etwas ganz Normales ist, sondern deutlich machen, dass man sich mit der Auswahl viel Mühe gegeben hat und dass es etwas Besonderes ist. Etwas Besonderes sollten auch die Geschenke sein, die üblicherweise bei der Verabschiedung übergeben werden. In Frage kommen zum Beispiel Bierkrüge, deutsche Modellautos oder Lebkuchenherzen vom Münchner Oktoberfest. Wichtig dabei: Sie sollten aufwändig verpackt sein und die hierarchische Ordnung der Gäste widerspiegeln. Auch für die zu Hause gebliebenen Ehefrauen der japanischen Gäste sollte man eine Kleinigkeit besorgen wie etwa Gewürzsträuße. Japaner bringen gern etwas von ihren Reisen mit, haben aber unter Umständen bei einem dicht gedrängten Terminplan keine Zeit, selbst einkaufen zu gehen.

Leben in der Gruppe

Nach Edward Hall ist Deutschland das Land mit der direktesten Kommunikation und Japan das mit der indirektesten. Kein Wunder, dass das im Alltag oft Probleme macht. „Hai", das japanische „Ja", sagen Japaner oft nur im Sinne einer Höflichkeitsfloskel von „Ja, ich habe es gehört", warnt die Trainerin Margit Michel. Das Wort „Nein" versuchen Japaner zu vermeiden. Es entspricht nicht dem japanischen Verständnis von Konsens und Harmonie in einer Gruppe. „Japan ist keine individualistische Kultur, die deutschen Werten entspricht, sondern es geht um Gruppenwerte." Nach wie vor ist das Zusammenleben in Japan davon geprägt, dass man sich in soziale Gruppen einordnet, denen man oft ein Leben lang zugehörig bleibt. Deshalb wird bei Meinungsverschiedenheiten lieber mit einem „Ich überlege es mir" geantwortet, das den anderen nach japanischem Verständnis besser das Gesicht wahren lässt.

Harmonie ist ein Wert für sich, weil man in diesen Gruppen oft ein Leben lang miteinander auskommen muss. „Die zwischenmenschliche Beziehung wird deshalb sehr gepflegt und ist von vielen Zwischentönen geprägt", erläutert Japan-Expertin Michel. Falls man eine klare Antwort erwartet, sollte man sich überlegen, ob der japanische Gesprächspartner über die alleinige Entscheidungskompetenz verfügt oder erst Rücksprache halten muss. Der Grund dafür: „Einer allein kann nach japanischer Vorstellung nicht die Verantwortung für den Gruppenkonsens tragen und deshalb auch nicht allein entscheiden", gibt Michel zu bedenken. Oft hilft es, Fragen nicht im Hinblick auf eine Ja-Nein-Entscheidung, sondern offener zu formulieren. Störungen in der Kommunikation sind unter diesen Umständen relativ schwer zu erkennen. „Man merkt es bei Japanern nicht, wenn etwas nicht klappt, weil sie es nicht zurückmelden", sagt Trainer Broer. Deutsche vertreten oft die Haltung: „Wir können doch offen darüber reden." Aber genau das können Japaner im Allgemeinen eben nicht.

Business-Frauen hilft „geliehene" Autorität

Deutsche Geschäftsfrauen sollten sich auch noch auf eine andere Besonderheit einstellen: Frauen spielen im Berufsleben in Japan bisher nur eine kleine Nebenrolle. Wenn Frauen in Japan zu tun haben oder japanische Gäste in Deutschland zu Verhandlungen erwarten, sollten sie sich geliehener Autorität bedienen – auch wenn das für viele Frauen nur schwer mit ihrem Selbstverständnis zu vereinbaren ist. „Lassen Sie sich auf jeden Fall von jemand Wichtigem empfehlen und ankündigen", rät Broer. Er kennt den Fall einer Büroleiterin, die das versäumte. Der Effekt: Die japanische Delegation kam zu ihr zu Besuch, besichtigte die Produktion, sah sich ausführlich das Königsschloss Neuschwanstein an, zu Verhandlungen kam es aber nicht. Für Broer ein klarer Fall: Die Büroleiterin hätte vorher unbedingt ihren männlichen Chef in Japan anrufen und sich von ihm für die Gespräche empfehlen lassen sollen.

Die Journalistin Anne-Bärbel Köhle, die für eine Special-Interest-Zeitschrift nach Tokio reiste, fühlte sich dagegen als westliche Frau von ihren japanischen Gesprächspartnern mit größtem Respekt

behandelt: „Die Japaner wissen, dass wir andere Regeln haben."
Allerdings hatte sie auch den Rat beherzigt, zu den Terminen möglichst ein kleines „Gefolge" mitzunehmen: einen Übersetzer und eine Assistentin. Unabhängig davon, ob für beide etwas zu tun war oder nicht, erhöhten sie den Status der Journalistin gegenüber ihren japanischen Gesprächspartnern. Auf eines sollte man sich allerdings dringend einstellen, rät Anne-Bärbel Köhle: „Es gibt kein westliches Essen." So gesehen war für die Journalistin die Reise eine Herausforderung ganz anderer Art: „Lebende Fischembryonen, die anklagend aus der Suppe schauten oder gegrillte Außenhaut von Krabben mit Kopf und Fühlern dran – da musste ich mich überwinden."

Last-Minute-Überblick

→ Hierarchien haben eine enorme Bedeutung, Respekt ist das Geheimrezept. Im Gespräch zurückhaltend auftreten, Wünsche möglichst sofort erfüllen (die des Ranghöheren zuerst).

→ Visitenkarten immer gegenseitig austauschen, mit beiden Händen lesbar für den anderen überreichen und annehmen und sorgfältig behandeln.

→ Achtung bei der Körpersprache: keinen zu direkten Blickkontakt und Beine nicht übereinander schlagen (gilt als arrogant).

→ Japanische Besucher vorab über alle Programmpunkte informieren, Zimmer mit Badewanne reservieren, bei Geschenken auch an die Familien denken.

→ Deutschen Businessfrauen hilft eine vorherige Empfehlung von männlichen Kollegen oder Vorgesetzten.

Asien

Japanische Botschaft
Botschaft von Japan
Hiroshimastraße 6
10785 Berlin
Tel.: 0 30 / 21 09 40
www.botschaft-japan.de

Deutsche Botschaft in Japan
Embassy of the Federal Republic of Germany
4-5-10, Minami-Azabu, Minato-ku
Tokyo 106 0047
Japan
Tel.: 00 81 / 3 / 57 91 77 00
www.tokyo.diplo.de

Tourismus-Info in Deutschland
Japanische Fremdenverkehrszentrale
Kaiserstraße 11
60311 Frankfurt
Tel.: 0 69 / 2 03 53
www.mlit.go.jp

Tourismus-Info in Japan
Japan National Tourist Organization
10 Fl., Tokyo Kotsu Kaikan Bldg.
2-10-1 Yurakucho, Chiyoda-ku
Tokyo 100-0006
Japan
Tel.: 00 81 / 3 / 32 01 33 31
www.jnto.go.jp

Australien
Es gibt ein Leben neben der Arbeit

Zahlen und Fakten	
Fläche:	7,7 Mio. km²
Staatsform:	Selbstständige parlamentarisch-demokratische Monarchie im Commonwealth of Nations
Hauptstadt:	Canberra
Verwaltung:	Der Australische Bund umfasst sechs Bundesstaaten und zwei Bundesgebiete (Territorien)
Amtssprache:	Englisch
Bevölkerung:	20,5 Mio.
Religion:	21% Anglikanische Hochkirche; 27% katholische Kirche; 7% Uniting Church of Australia; 14% sonstige christliche Kirchen; 5% nicht-christliche Religionen; 27% Religionslose/ohne Angaben
Währung:	Australischer Dollar zu 100 Cents
Wirtschaft:	Förderung von Kohle, Erzen, Erdöl und Erdgas/-produkten, Gold; Metallverarbeitung; Lebensmittelproduktion (Fleisch, Fisch, Getreide/-produkte, Milchprodukte und Wein); Automobilherstellung; Textilfaserindustrie
Klima:	Gemäßigt im Süden und Osten, im Norden tropisch, wüstenhaft im Zentrum

Ein ganzer Kontinent und gleichzeitig ein einziges Land, das durch seine ungeheure Größe und die Weite seiner Landschaften beeindruckt – das ist Australien. Beliebt bei ausländischen Touristen, aber auch bei internationalen Geschäftspartnern. „Australien ist eine der am wenigsten formalen und eine der direktesten Gesellschaften, was die Kommunikation und auch das Business dort sehr einfach machen", sagt Sergey Frank, Leiter des Kienbaum Büros in Moskau und Partner der Kienbaum Executive Consultants im nordrhein-westfälischen Gummersbach. Seit Jahren hält er Seminare zu den Themen „Interkulturelles Management" und „Verhandeln auf internationalem Parkett". Der Experte für internationales Business, der viel mit Australiern zusammengearbeitet hat, schätzt die Art der meisten Australier, geradeheraus und offen anderen gegenüber zu sein. Ein bisschen Small Talk und dann kann man zum Geschäftlichen übergehen. An sich liegt das den deutschen Geschäftspartnern sehr. Sie sollten nur aufpassen, möglichst nicht Australiens Vergangenheit als Strafkolonie zum Thema zu machen, nicht zu laut aufzutreten oder in einer Art, die die Australier als militärisch empfinden könnten. So würden Deutsche nämlich einmal mehr ins Klischee-Fettnäpfchen tappen. Sergey Frank rät stattdessen dazu, lieber die eigene disziplinierte deutsche Seite zu thematisieren und mit Humor und einem Augenzwinkern anzusprechen. Etwa nach dem Motto: „Sie wissen ja, Pünktlichkeit ist mir wichtig, ich bin eben deutsch."

Humor und gute Stimmung bedeuten generell ein Plus in Australien. Deutsche sollten nicht zu pessimistisch und miesepetrig ihrem eigenen Land gegenüber sein und etwa über die fürchterliche Wirtschaftslage klagen. „Australier sind enthusiastisch. Sie lieben ihr Land und können nicht verstehen, dass andere ihr eigenes Land schlecht machen", so Frank. Die Australier wollen Spaß am Leben haben – zugegebenermaßen mit einem Humor, der dem englischen nicht sehr ähnelt und den auch Deutsche als derb empfinden könnten. Auch dem Konsum einiger Gläser Bier sind Australier oftmals nicht abgeneigt. Doch zum Kampftrinker muss deshalb niemand werden, meint der Verhandlungsexperte: „Man muss sich nicht selbst verleugnen. Wenn es einem reicht, hört man eben auf."

Freunde am Arbeitsplatz

Doch nicht nur bei den Trinkgewohnheiten gibt es Unterschiede. Die Verbindung von Privatleben und Job ist in Australien eine andere. Die Deutschen wollen in der Regel Privatleben und Job eher trennen, auch wenn sich das gerade etwas ändert. In Australien geht man dagegen oft regelmäßig mit Arbeitskollegen aus – ob zum Sport oder zum Wochenend-Drink. Neue Kollegen werden eingeladen, die eigenen Freunde und Partner kennen zu lernen. Soziale Clubs gehören zu vielen größeren australischen Firmen. Sie organisieren für die Mitarbeiter Barbecues, Get-Together-Parties oder Treffen für die Angestellten und Familienmitglieder – ein weiterer Grund, warum in Australien viele Menschen gute Freunde an ihrem Arbeitsplatz finden.

Margret Schuller dagegen, die als Deutsche seit rund 40 Jahren in Australien lebt und arbeitet, hat es allerdings häufiger auch nur als

Redewendung empfunden, wenn es hieß: „Oh, you have to come over." Meist sei das nicht wirklich ernst gemeint. Trotzdem: Man weiß nie! Wer beruflich für drei, vier Tage nach Australien fährt, sollte sich möglichst auch einen oder zwei Tage ohne Termine freihalten – allein schon wegen des Jetlags. Außerdem sollte man sich Zeit nehmen können, wenn der australische Geschäftspartner zu einem Ausflug einlädt, rät Berater Frank. Ein reines Workaholic-Leben wird von Australiern eher kritisch gesehen, weil allgemein die Meinung gilt, man könne sehr wohl beruflich erfolgreich sein und ein ausgefülltes Privatleben haben: „Australier lieben es, Spaß zu haben, und der sollte trotz Stress auch im Business existieren." Das ist gleichzeitig auch das, was Sergey Frank bei den Geschäften in Australien am besten gefallen hat: „Das ist die Lebensqualität. Es muss nicht immer nur Business sein, man kann auch zusammen eine Fahrt an den Ozean machen." Auch wenn australische Geschäftspartner zu Besuch nach Deutschland kommen, sollte man Zeit für einen gemeinsamen Ausflug einplanen. Die Vorbereitung solcher Besuche gehe in der Regel unkompliziert vonstatten, so Frank.

Informelle Anrede

Meist geht man im australischen Business nach ein paar E-Mails bei der Anrede zum Vornamen über. Wichtig beim Mailen ist nur, britische Höflichkeit zu wahren und nie zu fordernd aufzutreten, sondern alles als freundliche Bitte zu formulieren. E-Mails deutscher Absender sind oft fast akademisch geschrieben, während Australier eher versuchen, möglichst allgemein verständlich zu schreiben. Auch Margret Schuller hat sich an die informelle Anrede längst gewöhnt. So schreibt sie zum Beispiel bei einem offiziellen Kostenvoranschlag nur im Briefkopf alle Namen aus, die Anrede erfolgt dann per Vorname. Erst in ihrer Unterschrift taucht wieder ihr voller Name auf. Bei Konferenzen stellt sie die Sprecher mit vollem Namen und Titel vor, angesprochen werden sie aber dann meist mit Vornamen. Auch bei akademischen Titeln ist in Australien eine allzu formale Einstellung fehl am Platz. Während in Deutschland ein Professor mit „Professor" angesprochen wird, gilt es in Australien eher als anmaßend, auf eigene Titel hinzuweisen. Diese fehlen oft selbst auf Visitenkarten. Das bestätigt auch die Wahlaustralierin

Australien

Margret Schuller. Der Titel wird zwar benutzt, wenn jemand offiziell im Arbeitsbereich vorgestellt wird, sonst aber nicht. In drei Vierteln der Fälle wird der Titel nicht benutzt, schätzt sie. Und privat sowieso nicht. Auch Hierarchien haben eine geringere Bedeutung auf dem fünften Kontinent.

Regeln sind nicht alles

Australier berichten über ihre Arbeit in Deutschland oft, dass hier alles nach bestimmten Regeln zu geschehen habe. Und dass die Deutschen meist nicht fähig seien, eine Regel zu brechen, selbst wenn klar sei, dass es das Beste für die Situation oder alle daran Beteiligten wäre. So beispielsweise auch bei einem informellen Lunch eines australischen Senators, der mit deutschen Gesprächspartnern zwanglos beim Essen einen Report besprechen wollte. Die Deutschen wollten erst eine präzise Gesprächsordnung und genau wissen, wer teilnimmt und über welche Themen im Einzelnen gesprochen werden sollte. Im Nachhinein waren sie aber ganz zufrieden von dem konstruktiven Gespräch anstelle von Vorträgen Einzelner gewesen. Und der Senator war angetan von der gut strukturierten Denkweise der Deutschen, durch die für ihn ein sehr informatives Gespräch zustande kam.

Service zählt

Wer sich auf die australische Seite einstellen will, sollte bedenken, dass Service ein ganz wichtiger Faktor in Australien ist. Im Umgang ist es nicht nur wichtig, entspannt und freundlich zu sein, sondern man muss oft auch zu einer kleinen Extra-Anstrengung bereit sein. Was den Verhandlungsstil angeht, so Experte Frank, wird zu starkes Handeln als „Bazar-Technik" abgelehnt. Das ursprüngliche Angebot sollte einigermaßen realistisch und nicht zu weit entfernt vom geplanten Resultat sein. Wichtig im Verhandlungsprozess: Kompromisse werden am besten auf der Basis von Gegenseitigkeit gemacht. Frauen werden bei Verhandlungen und überhaupt im Business völlig akzeptiert und „politisch korrekt" und mit Charme behandelt, weiß Frank. Eine gepflegte, elegante Erscheinung ist wichtig, der Look sollte eher etwas konservativ sein. Rasierte

Australien

Beine sind für Frauen Pflicht, anders als in den USA darf aber auf Feinstrumpfhosen zum Kostüm verzichtet werden. An die Machtpositionen sind die Frauen allerdings auch in Australien noch kaum gelangt: „Es gibt hier immer noch die so genannte gläserne Decke. Theoretisch können die Frauen alles erreichen, aber praktisch nicht. Hin und wieder schafft es eine Frau, nach oben zu kommen, aber es ist immer noch die Welt der Männer", stellt Margret Schuller fest.

Last-Minute-Überblick

→ Im Business herrscht ein lockerer Umgangston, die Kommunikation verläuft direkt, kurzer Small Talk vorab genügt. E-Mails aber höflich formulieren.

→ Hierarchien haben nur geringe Bedeutung, man spricht sich rasch mit Vornamen an, Titel sind ungebräuchlich (auch auf Visitenkarten).

→ Mit Humor und guter Laune gewinnt man Sympathie. Generell nicht zu laut auftreten.

→ Arbeits- und Privatleben wird nicht strikt getrennt, beim Besuch genügend Zeit für außergeschäftliche Treffen einplanen.

→ Service zählt: mit After-Sales-Leistungen punkten.

Australische Botschaft
Australische Botschaft
Wallstraße 76-79
10179 Berlin
Tel.: 0 30 / 8 80 08 80
www.australian-embassy.de

Deutsche Botschaft in Australien
Embassy of the Federal Republic of Germany
119 Empire Circuit
Yarralumla ACT 2600
Australia
Tel.: 00 61 / 2 / 62 70 19 11
www.germanembassy.org.au

Tourismus-Info in Deutschland
Australian Tourist Commission
Neue Mainzer Straße 22
60311 Frankfurt
Tel.: 0 69 / 27 40 06 22
www.tourism.australia.com

Tourismus-Info in Australien
Australian Tourist Commission
GPO Box 2721
Sydney NSW 2001
Australia
Tel.: 00 61 / 2 / 93 60 11 11
www.tourism.australia.com

Tunesien
Französischer Eindruck, orientalische Einstellungen

Zahlen und Fakten	
Fläche:	164 150 km²
Staatsform:	Präsidialrepublik mit Einkammerparlament
Hauptstadt:	Tunis
Verwaltung:	24 Governorate
Amtssprache:	Arabisch, daneben Verkehrssprache Französisch
Bevölkerung:	9,9 Mio.
Religion:	98% Moslems (Islam als Staatsreligion)
Währung:	Tunesische Dinar (TND) zu 1000 Millimes
Wirtschaft:	Tourismus, Textilindustrie, Nahrungs- und Genussmittelindustrie, Landwirtschaft, Herstellung von Erdölprodukten, Fischerei
Klima:	Mediterran im Norden, Wüstenklima im Süden

Tunesien mit seiner französischen Kolonialvergangenheit wirkt in vielem sehr westlich und europäisch. Doch dieser Eindruck kann zu falschen Schlüssen führen. Denn es gilt: „Tunesien ist ein arabisches Land, auch wenn es manchmal nicht so aussieht", sagt der Ägypter Fouad Zoweil, der als Trainer beim Ifim Institut für Interkulturelles Management auf Business-Verhalten in arabischen Ländern spezialisiert ist. So fühlen sich zwar viele Tunesier, die in Frankreich studiert haben, europäischer und westlicher als Orientalen, dennoch bleiben sie den Traditionen ihres Heimatlandes verbunden: „Viele Tunesier verhalten sich wie Franzosen, denken aber nicht wie sie. Denn tief innen drin gelten noch viele alte Regeln des Landes und der Religion", konstatiert Zoweil. So ist etwa wie in anderen arabischen Ländern auch bei Gesprächen eine längere Anlaufphase wichtig. Bei Kaffee oder Tee fragen sich die Gesprächspartner gegenseitig, ob es einem gut geht und alles in Ordnung ist. Auch beim Telefonieren gehört es dazu, sich ausführlich nach dem Befinden zu erkundigen. „Das kann sich minutenlang hinziehen", erläutert der Tunesier Imed Ben Hassim, der seit Jahren in Deutschland lebt und zuletzt in Tunesien in einem großen Hotel als Animateur gearbeitet hat. Die Frage „Wie geht's?" und die Antwort „Gut" werden dabei oft mehrmals wiederholt.

Man sollte sich nicht nach einzelnen Familienmitgliedern erkundigen, die man noch nicht persönlich kennen gelernt hat. Und auch wenn Frauen in Tunesien selbstständiger auftreten und stärker am öffentlichen Leben beteiligt sind als in anderen arabischen Ländern – Fragen nach der Ehefrau sind tabu. Wenig Small-Talk-fähig sind auch die Themengebiete Religion, Politik und wegen der langen Kolonialzeit auch Frankreich, das man als Gast in Tunesien nicht zu sehr loben sollte. Insgesamt sind Gespräche formeller als in Deutschland, Hierarchien haben eine größere Bedeutung. Auch die Anrede mit akademischen Titeln etwa als Doktor oder Ingenieur spielt eine große Rolle. Sonst sollte man bei Business-Gesprächen bedenken, dass Pünktlichkeit nach deutschem Verständnis nicht unbedingt an der Tagesordnung ist. Über eine Stunde warten zu müssen kommt schon einmal vor, die Ausreden sind dann vielfältig, weiß Zoweil. Aufregen sollte man sich darüber lieber nicht.

Business-Essen à la française

Ein Business-Essen in Tunesien läuft als Menü, das aus verschiedenen Gängen und Wein à la carte besteht, ähnlich ritualisiert ab wie in Frankreich. Viele Tunesier trinken Wein, halten sich jedoch bei Schweinefleisch zurück. Das Essen verläuft gemächlich. Man muss nicht alles aufessen und kann beziehungsweise sollte einen Rest auf dem Teller lassen, um zu zeigen, dass man satt ist. Und Imed Ben Hassim rät, alles Wichtige auf jeden Fall während des Essens zu besprechen. Private Einladungen nach Hause sind Zoweils Erfahrung nach nicht so üblich wie in Ägypten. Frauen sollten auf solche Einladungen nur eingehen, wenn sie die Frau des Hauses kennen und diese die Einladung ausspricht.

Vertrauen durch Verhandeln

Auch Verhandlungen laufen in Tunesien nach arabischem Muster ab – und das ist relativ konträr zu deutschen Gewohnheiten. In der ersten Phase, so Trainer Zoweil, fixieren sich arabische Geschäftspartner auf ihr Gegenüber: „Sie versuchen herauszufinden, ob das eine angenehme Person ist, mit der sie auf Dauer zusammenarbeiten wollen. Schließlich gibt es so gut wie keine Monopolisten auf der Welt und sie könnten das jeweilige Produkt auch bei einer anderen Firma einkaufen. Der Mehrwert läuft über die Person." Viele Deutsche, die sich nicht fragen, welche Vorteile dieses Vorgehen auch für sie bieten könnte, empfinden es als reinen Zeitverlust. Denn statt an der Person sind sie in erster Linie an der Sache interessiert. „Sie präsentieren ihre Muster und Kataloge bereits nach zwei Minuten und sprechen über die Erfolge ihres Unternehmens. Das Problem dabei: Viele Tunesier sind dann noch gar nicht so weit, sie beschäftigen sich lieber erst einmal eine halbe Stunde lang mit dem Menschen, mit dem sie zu tun haben", hat Zoweil festgestellt. Erst in der zweiten Phase der Verhandlung geht es dann darum, ob man in der Sache zusammenkommt.

Vor allem deutsche Anlagenbau- und Maschinenbau-Unternehmen haben oft tunesische Kunden. Wer deutlich macht, dass ihm die persönliche Beziehung wichtig ist und dass er auch bei Problemen zur Seite steht, sammelt in Tunesien leicht Pluspunkte. Sehr gut kommt es an, wenn Deutsche ihre Privatnummer oder Handynummer für den Fall der Fälle anbieten. Doch oft sieht die Realität anders aus und Deutsche vertreten die Haltung: „Wir haben geliefert und damit ist für uns die Sache erledigt. Wenn jetzt etwas nicht läuft, ist das sicher ein Bedienungsfehler." Statt sich sofort um eine Lösung des Problems zu bemühen, fragen sie zunächst, wer denn die Kosten dafür übernimmt. Eine Haltung, die die tunesischen Käufer schwer verstehen können, weiß Zoweil und kennt deren Entgegnung: „Wir haben doch schon so viel für die Anlage bezahlt." Zoweil rät, zunächst das Problem zu lösen und dann erst über die eventuelle Übernahme von Kosten zu sprechen. Sonst sieht es aus arabischer Sicht so aus, als will man nicht investieren.

Sinnvolle Schulungen

Aus deutscher Sicht dienen Schulungen in Deutschland dazu, Probleme und Bedienungsfehler an den Maschinen zu vermeiden. Das Problem bei tunesischen Teilnehmern, so Zoweil: „Die Tunesier oder andere Araber sagen dann oft, dass sie dabei nichts gelernt haben." Kein Wunder, denn die Schulung läuft nach deutschen Prinzipien ab: Es wird etwas erklärt und wer es nicht versteht, fragt nach. Die Araber möchten sich jedoch in der Regel keine Blöße geben und fragen nicht nach. Nur Tests nach einzelnen Schulungsabschnitten könnten tatsächlich Auskunft darüber geben, ob das Unterrichtete auch verstanden wurde. Es wäre also eine ganz andere Didaktik vonnöten. Ein weiteres Phänomen kommt erschwerend hinzu: „Nach Deutschland kommen Mitarbeiter zu Schulungen, die mit der tatsächlichen Bedienung der Anlage gar nichts zu tun haben, sondern denen die Reise aus ganz anderen Gründen wichtig ist." Zoweil schlägt vor, die Schulungen besser in Tunesien zu veranstalten – mit den Mitarbeitern, die tatsächlich später auch an den Maschinen arbeiten.

Last-Minute-Überblick

→ Bei der Kommunikation ist ein ausführlicher Einstieg wichtig, man sollte sich also erstmal nach dem Befinden erkundigen. Gespräche sind formeller, die Anrede mit akademischen Titeln ist wichtig.

→ Beim Business-Essen gilt: als Zeichen, dass man satt geworden ist, nicht alles aufessen.

→ Die persönliche Ebene zählt, beim Verhandeln lernt man das Gegenüber kennen.

→ Sich auch bei späteren Problemen ansprechbar zeigen, zum Beispiel Handynummer hinterlassen.

→ Schulungen mit tunesischen Teilnehmern besser speziell vorbereitet in Tunesien veranstalten.

Tunesien

Tunesische Botschaft
Botschaft der Tunesischen Republik
Lindenallee 16
14050 Berlin
Tel.: 0 30 / 3 64 10 70

Deutsche Botschaft in Tunesien
Botschaft der Bundesrepublik Deutschland
1, Rue el Hamra, Mutuelleville – Tunis (Belvédère)
1002 Tunis
Tunisia
Tel.: 0 02 16 / 71 / 78 64 55
www.tunis.diplo.de

Tourismus-Info in Deutschland
Fremdenverkehrsamt Tunesien
Goetheplatz 5
60313 Frankfurt
Tel.: 0 69 / 2 97 06 40
www.fva-tunesien.de

Tourismus-Info in Tunesien
Tunisian National Tourism Office (ONTT)
1, Avenue Mohamed V
1001 Tunis
Tunisia
Tel.: 0 02 16 / 71 / 34 10 77
www.tourismtunisia.com

Ägypten
Ohne Handeln kein Geschäft

Zahlen und Fakten	
Fläche:	1 Mio. km²
Staatsform:	Präsidialrepublik
Hauptstadt:	Kairo
Verwaltung:	Gliederung in 26 Gouvernorate
Amtssprache:	Arabisch; Geschäfts- und Bildungssprachen: Englisch und Französisch
Bevölkerung:	69,4 Mio.
Religion:	90% Islam, 8-10% Christentum
Währung:	Ägyptische Pfund zu 100 Piaster
Wirtschaft:	Tourismus, Förderung und Verarbeitung von Erdöl, Baumwollproduktion
Klima:	Mediterran (Küste, Nildelta) bis wüstenhaft (Kairo, Mittel- und Oberägypten)

Hierarchien haben in Ägypten, dessen Bevölkerung zu neun Zehnteln dem Islam angehört, eine weitaus höhere Bedeutung als in Deutschland. Der Ägypter Fouad Zoweil, der seit Jahrzehnten in Deutschland lebt und als interkultureller Trainer auf Business-Verhalten in arabischen Ländern spezialisiert ist, führt dies auf die Art der Familienstruktur zurück: „In ägyptischen Familien hat jeder seine Position. Diese richtet sich nach dem Alter und ist umso höher, je älter jemand ist." Heutzutage spielen jedoch auch Ausbildung und Beruf eine Rolle für die Stellung in der Gesellschaft. Das verschafft höheren Beamten, Managern und Offizieren in der Armee oder der Polizei Ansehen. „Die Erziehung lehrt, diese Hierarchien zu beachten und zu respektieren. Demzufolge haben die Hierarchien auch im Berufsleben eine entsprechende Bedeutung", sagt Zoweil. So wird in Ägypten bei der Anrede viel mehr Wert auf Titel gelegt als in Deutschland – vor allem bei Doktortiteln. Bei anderen Berufen, wie beispielsweise Ärzten, Ingenieuren oder Rechtsanwälten, ist es ähnlich wie in Österreich, bei der Anrede wird die Position oder der Beruf genannt. Weiß man nicht, welche Titel der Angesprochene besitzt, verwendet man den Begriff „Ustaz", was so viel wie Professor bedeutet.

Achtung vor dem Alter

Die Kommunikation zwischen Vorgesetzten und Mitarbeitern ist formeller als in Deutschland. Im Gespräch benutzen Mitarbeiter oft Formulierungen, die den Respekt gegenüber den Vorgesetzten bekunden. An die Altershierarchie gewöhnt, würde es etwa ein jüngerer Angestellter niemals wagen, sich zu setzen, bevor dies nicht der Chef getan oder es verbal oder per Geste erlaubt hat. Von Deutschen gewinnen Ägypter manchmal den Eindruck, dass sie es gegenüber Älteren und Personen in einer höheren Position an Respekt fehlen lassen. In einen Sessel lümmeln und die Beine ausstrecken, gilt als nicht akzeptables Benehmen jüngerer Mitarbeiter. Das liegt auch daran, dass in dieser Haltung die Schuhsohlen zu sehen sind. Da sie mit der Straße in Kontakt kamen, gelten sie als unrein und dürfen dem Gegenüber nicht gezeigt werden.

Pünktlichkeit ist in Ägypten ein relativer Begriff, und man sollte flexibel sein. In einer Millionenstadt wie etwa Kairo können alle Versuche, pünktlich zu sein, am Verkehrschaos und mangelnden Parkmöglichkeiten scheitern. Dann sollte man kurz anrufen und Bescheid geben, dass es später wird. Was den Einstieg ins Gespräch angeht, sind die Floskeln und die Frage, wie es einem geht, dabei im Prinzip dieselben wie in Deutschland. Allerdings werden Männer immer zuerst begrüßt, nicht – wie in Deutschland üblich – Frauen. Und nicht alle Frauen möchten per Handschlag begrüßt werden; man sollte darauf achten, ob sie einem überhaupt von sich aus die Hand reichen. Zurückhaltung ist auch bei Komplimenten wichtig: Sie werden leicht als aufdringlich interpretiert und damit als Beleidigung für die Frau.

Einem Gesprächspartner, den man zum ersten Mal trifft, sollte man ausreichend Zeit geben, zu erzählen und ihm dabei nicht ins Wort fallen. Deutsche neigen dazu, schnell zur Sache zu kommen, sie wollen keine Zeit verlieren. Ägypter versuchen jedoch zunächst herauszufinden, um was für eine Person es sich handelt und ob sie mit dieser Person überhaupt zusammenarbeiten können. Deutschen muss klar sein, dass in einem Land wie Ägypten nach Berücksichtigung anderer Faktoren wie Preis oder Qualität die persönliche Beziehung eine große Rolle spielt, wenn nicht sogar die Hauptrolle, warnt

Zoweil. Wenn Deutsche diesen Faktor vernachlässigen, kommt wahrscheinlich niemals ein Geschäft zustande. Wird jedoch eine gute persönliche Beziehung aufgebaut, ist die Wahrscheinlichkeit groß, dass es zu einem Geschäftsabschluss kommt und weitere folgen.

Andere Regeln für Frauen

Das Business-Verhalten von Männern ist eine Sache, das von Frauen eine andere. „Bei Frauen ist es genau umgekehrt. Damit sie als Geschäftspartnerin ernst genommen werden, sollten sie zunächst stark die sachliche Seite betonen", erläutert Ägypten-Experte Zoweil. Als Frau unter Männern keinen Alkohol trinken, empfiehlt er, denn ägyptische Männer würden das in dem Sinne interpretieren, dass diese Frau leicht zu haben ist. Frauen sollten direkten Augenkontakt zu Männern eher vermeiden und sich bei mehreren Männern keinesfalls auf einen Mann konzentrieren, weil dieser das leicht als Ermutigung zur Annäherung verstehen könnte. Der Körperabstand zwischen Frauen und Männern ist größer als in Deutschland. Was die weibliche Business-Kleidung angeht, sollte sie vor allem viel Haut verdecken.

Westliches Outfit – islamische Einstellung

Tabu-Themen beim Business Talk sind vor allem Religion und Politik – es sei denn, man möchte sich über etwas Bestimmtes informieren. Auch dann sollte man jedoch auf keinen Fall zu tief in diese Themen einsteigen, denn die Chance, mit einer Einschätzung daneben zu liegen, ist relativ groß. Die Religion, der Islam und das koptische Christentum, spielen im Leben der Ägypter eine große Rolle – unabhängig von dem Stand in der Gesellschaft, ob reich oder arm, gebildet oder ungebildet. Das bedeutet, dass für ausländische Besucher immer die Gefahr besteht, Gesprächspartner nach ihrem äußeren Erscheinungsbild im Anzug als klassischem Business-Outfit zu beurteilen und zu denken „Ägypter sind so wie wir". Doch dieser typisch westliche Eindruck kann täuschen und die Gesprächspartner sind dann in Wirklichkeit wesentlich weniger tolerant und liberal als gedacht, weiß Zoweil. So sollte man auf keinen Fall kritische oder gar abfällige Bemerkungen über verschleierte Frauen machen – die

Frau des Geschäftspartners könnte schließlich auch verschleiert sein, warnt Zoweil. Auch bei allem, was mit Israel zu tun hat, ist Vorsicht geboten, und das Friedensabkommen zwischen Ägypten und Israel lässt man besser unkommentiert. Das Argument, dass Deutschland schließlich der Grund für die Gründung des Staates Israels war, diskutiert man ebenso lieber nicht weiter. Günstiger ist es stattdessen, darauf zu verweisen, dass die Welt einen Ausweg suchen muss und das Problem hoffentlich lösen wird. Und dass Deutschland daran mitwirken wird, dass die Palästinenser einen eigenen Staat bekommen, schlägt Zoweil vor. Für Geschäfte mit Israelis und Ägyptern sollte man wegen der Einreisestempel zwei Pässe besitzen und für die Reisen getrennt benutzen.

Vorsicht mit Alkohol

Zurückhaltung ist aus religiösen Gründen auch beim Thema Alkohol geboten. Wenn möglich sollte man ganz auf alkoholische Getränke verzichten. So verhindert man von vornherein atmosphärische Störungen, falls der Gesprächspartner streng religiöser Moslem ist. Ägypten-Experte Zoweil rät abzuwarten, welche Getränke der Gegenüber bestellt. Ordert der Gesprächspartner von sich aus Alkohol, kann man das natürlich auch tun. Das Thema Schweinefleisch erledigt sich fast von selbst, da die meisten Restaurants in Ägypten es nicht auf der Karte haben. Dann sollte man auch nicht danach fragen. Oft gibt es Buffets, dann nimmt jeder, was er möchte. Wird einem dagegen serviert, sollte man nicht erschrecken, wenn einem große Portionen auf den Teller gehäuft werden. Das ist ein Zeichen von Gastfreundschaft und bedeutet nicht, dass alles aufgegessen werden muss. Im Gegenteil: Es sollte sogar immer ein Rest auf dem Teller bleiben als Signal, dass man satt geworden ist.

Der Wert des gesprochenen Wortes

Egal ob zu Gesprächsbeginn, beim Business-Essen oder bei Vereinbarungen: Bei der Kommunikation wird viel Wert darauf gelegt, sich persönlich kennen zu lernen, sich über verschiedene Themen auszutauschen und Dinge persönlich zu verhandeln. Doch anders als früher geht die neue, gut ausgebildete Managergeneration heute

Ägypten

auch in Ägypten dazu über, Vereinbarungen und Anweisungen beispielsweise per E-Mail schriftlich festzuhalten. Trotzdem sollte man davon ausgehen, dass Ägypter Vereinbarungen eher als Rahmenbedingungen betrachten, bei denen unter Umständen je nach Lage der Dinge der ein oder andere Punkt „nachverhandelt" werden könnte.

Fouad Zoweil, der in Ägypten zunächst als Bankkaufmann und später als Leiter der Kreditabteilung bei einer Bank gearbeitet hat, macht auf die großen Schwierigkeiten aufmerksam, die Deutsche meist mit der stark ausgeprägten Händlermentalität der Ägypter haben: „Wenn jemand alle Karten auf den Tisch legt, bleiben keine Karten mehr zum Spielen" – so denken Ägypter in der Regel. Deutsche sehen das weniger spielerisch, sie wollen effektiv arbeiten und keine Zeit verschwenden. Apropos Zeit: Um gut mit arabischen Geschäftspartnern verhandeln und handeln zu können, ist es wichtig zu lernen, Pausen auszuhalten. Während Ägypter einfach nur schauen, reden Deutsche dann meist weiter und machen so einerseits ungewollt zu viele Zugeständnisse und erfahren andererseits zu wenig vom Gegenüber, was sie für die weitere Verhandlung nutzen könnten, hat Zoweil festgestellt. Also erst einmal Zeit für Sondierungsgespräche einplanen und Argumente sammeln. Dazu gehört in der ersten Phase aus ägyptischer Sicht auch, die deutschen Gäste zum Essen einzuladen und ihnen das Land zu zeigen. Wer sich dann darüber mokiert, dass viel zu viel Essen auf den Tisch kommt oder was das stundenlange Besichtigen alter Steine soll, wenn man doch Geschäfte machen will, zeigt vor allem eines: Dass er kein Interesse an ägyptischer Kultur hat. Und er erschwert damit sein Standing in Phase zwei der Verhandlungen, wenn es darum geht, zu feilschen, denn so jemandem möchten Ägypter nicht gern entgegenkommen.

In diesem Stadium werden die unterschiedlichen Strategien der Absicherung deutlich. Deutsche reden von Verträgen, die mündliche Vereinbarungen fixieren sollen. Für Ägypter besteht die Absicherung allerdings mehr darin, herauszufinden, ob ihr Verhandlungspartner ein „guter Mensch" in dem Sinn ist, dass sie sich bei eventuell auftretenden Problemen auf ihn verlassen können. Sie wollen wissen: „Kommt er dann nach Ägypten? Löst er das Problem sofort?" Deutsche sollten deshalb ausführlich ihr Service-Konzept erläutern und deutlich machen, dass ihnen dieser Kunde wichtig ist und dass sie eine langfristige Beziehung aufbauen möchten. Sind die Gespräche erfolgreich, folgt in der dritten Phase der Vertragsabschluss, der groß gefeiert wird, oft nicht nur mit einem opulenten Abendessen, sondern beispielsweise auch mit einer Einladung ins private Strandhaus.

Gute Führung im Privatleben

Zwischen Job und Privatleben wird nicht so strikt getrennt wie in Deutschland. „Man beobachtet das Verhalten der Mitarbeiter und Kollegen auch im privaten Bereich und bildet sich ein Urteil, wenn etwa jemand oft Nachtklubs besucht", berichtet Zoweil. Man wird auch häufiger nach Hause eingeladen als dies in Deutschland der Fall ist. „Falls der deutsche Besucher von seiner Ehefrau begleitet wird, sollte sie sich nach den Regeln der ägyptischen Gesellschaft verhalten und sich beispielsweise konservativ kleiden und Männern gegenüber zurückhaltend auftreten. Ein Fehlverhalten der Frau nach ägyptischen Maßstäben kann sich negativ auf den Mann auswirken", warnt Experte Zoweil. Wenn man Fotos seiner Familie zeigen möchte, sollte man beachten, dass die Ehefrau oder Tochter darauf nicht leicht bekleidet oder im Bikini zu sehen sind.

Mit Wissen über die Pyramiden punkten

Einen großen Vorteil haben Deutsche, die Interesse am Land Ägypten und seiner Kultur zeigen. Es lohnt sehr, sich bereits vorab mit ägyptischer Geschichte zu beschäftigen und sich sowohl über die pharaonische, die christlich-koptische und die vorislamische Zeit als auch über die politische und soziale Entwicklung Ägyptens in den letzten 30 Jahren zu informieren. Darüber hinaus kommt es immer gut an, schon beim ersten Besuch ein paar Wörter arabisch sprechen zu können. Und sei es nur „schukran" (danke) oder „Al Hamdulilah" (Gott sei Dank), womit meist auf die Frage geantwortet wird, wie es einem geht.

Ägypten

Ägypter zu Besuch in Deutschland

Ägypter, die Deutschland besuchen, sind oft in Sorge, sie könnten unbewusst Schweinefleisch essen. Trainer Zoweil rät deshalb, Ägyptern beim gemeinsamen Essen die Speisekarte zu erklären, beziehungsweise nur Gerichte zu nennen, die kein Schweinefleisch enthalten. Außerdem sollte man darauf achten, dass die Sauce keinen Wein oder das Dessert keinen Likör oder Schnaps enthält, weil die wenigsten Gäste Alkohol zu sich nehmen möchten.

Last-Minute-Überblick

→ Hierarchien und Titel haben große Bedeutung, mit Vorgesetzten spricht man respektvoll, Männer begrüßt man zuerst.

→ Beim Sitzen nie die Fußsohlen zeigen, sie gelten als unrein.

→ Die persönliche Beziehung ist wichtig für den Geschäftserfolg, Zeit einplanen, um sich erstmal kennen zu lernen; mit langfristigem Service-Angebot Vertrauen schaffen.

→ Trotz westlichen Auftretens nicht zwangsläufig auf liberale Ansichten schließen; Themen wie Religion und Politik lieber meiden.

→ Beim ausgiebigen Verhandeln der Ägypter Gesprächspausen aushalten, um nicht ungewollt zu viel von sich preiszugeben.

→ Mit Interesse an ägyptischer Kultur lässt sich punkten.

Afrika

Ägyptische Botschaft
Botschaft der Arabischen Republik Ägypten
Stauffenbergstraße 6
10785 Berlin
Tel.: 0 30 / 4 77 54 70
www.aegyptische-botschaft.de

Deutsche Botschaft in Ägypten
Embassy of the Federal Republic of Germany
8 B, Sharia Hassan Sabri
Zamalek / Cairo
Egypt
Tel.: 00 20 / 2 / 7 39 96 00
www.cairo.diplo.de

Tourismus-Info in Deutschland
Ägyptisches Fremdenverkehrsamt
Kaiser Straße 64
60329 Frankfurt
Tel.: 0 69 / 25-21 53
www.aegyptisches-fremdenverkehrsamt.de

Tourismus-Info in Ägypten
Ministry of Tourism
Misr Travel Tower, Abassiya Square
11381 Cairo
Egypt
Tel.: 00 20 / 2 / 6 84 58 28
www.egyptnow.com

Südafrika
Business mit britischen Gepflogenheiten

Zahlen und Fakten	
Fläche:	1,2 Mio. km²
Staatsform:	Parlamentarische Republik mit präsidialem Regierungssystem
Hauptstadt:	Pretoria (Sitz der Regierung)
Verwaltung:	Gliederung in neun Provinzen
Amtssprache:	Englisch, Afrikaans, Ndebele, Tsonga, Sesotho (Nordsotho und Südsotho), Swazi, Tswana, Venda, Xhosa und Zulu
Bevölkerung:	46,4 Mio.
Religion:	75,5% Christen; 1,4% Hindus; 1,4% Moslems; 0,2% Juden; Stammesreligionen
Währung:	Rand (Kürzel: R) zu 100 Cents
Wirtschaft:	Tourismus, Abbau von Mineralien, Diamanten und Gold, Viehzucht
Klima:	Subtropisches bis mediterranes Klima

Nach Jahrzehnten des Apartheid-Regimes und der systematischen Unterdrückung der schwarzen und farbigen Mehrheit der Bevölkerung ist Südafrika heute eine multikulturelle Demokratie. Vieles ist in Entwicklung und Bewegung, und das Land mit seinen Bewohnern unterschiedlichster Herkunft ist Experimentierfeld in eigener Sache. Das zeigt sich auch bei der Sprachenvielfalt. Neben Englisch und Afrikaans gehören eine Reihe afrikanischer Sprachen zu den insgesamt elf Amtssprachen. Unabhängig davon, dass Englisch bei den Business-Sprachen weltweit die Nase vorn hat, sollte man beim Business-Verhalten in Südafrika prüfen, mit wem man es zu tun hat und möglichst die Sprache entsprechend wählen – wenigstens für die Begrüßung. Englischstämmige Südafrikaner sprechen natürlich englisch. Aber die Mehrheit der Weißen, die Afrikaaner, sind Nachkommen der Niederländer, Deutschen und Franzosen, die im 17. Jahrhundert ans Kap nach Südafrika kamen. Die Engländer annektierten die Kapkolonie im 19. Jahrhundert und viele Afrikaaner sprechen sogar heute noch ungern Englisch und kommunizieren lieber in ihrer Sprache, dem Afrikaans. Schwarze wiederum sollte man lieber nicht auf Afrikaans begrüßen – der Sprache der ehemaligen weißen Unterdrücker. Sie reden in der Regel gern englisch, weil es für sie bedeutet, Anschluss an die internationale Welt gefunden zu haben. Über eine Anrede in ihrer afrikanischen Sprache freuen sie sich sehr, selbst wenn man nicht viel mehr beherrscht.

Multikulturelle Zusammenarbeit als Herausforderung

Wichtig ist es, sich mit den Kulturen und Mentalitäten der unterschiedlichen schwarzen Völker, mit denen man zusammenarbeiten möchte, zu beschäftigen. Und es ist immer damit zu rechnen, auf Schwarze zu treffen, die prinzipiell nicht gut auf Weiße zu sprechen sind. Doch auch unter Schwarzen unterschiedlicher Völker kann die Zusammenarbeit sehr problematisch sein, hat ein Mitarbeiter eines deutschen Technologiekonzerns festgestellt, der seit Jahren in Südafrika arbeitet. Doch dieses Thema ist ein großes Tabu. Auch über das Apartheid-Regime und seine Folgen wird im Business-Leben nicht gesprochen. Zurückhaltung sollte man Schwarzen gegenüber auch bei der Frage walten lassen, inwieweit Korruption bei der Partei ANC eine Rolle spielt. „Die Partei ist gut, weil sie den Schwarzen die Freiheit wiedergegeben hat", fasst Michael Veit die gängige Meinung der schwarzen Bevölkerungsmehrheit zusammen, auf die man sich einstellen sollte. Veit, der heute bei einer internationalen Strategieberatung tätig ist, traf während seiner Praktika in Südafrika bei einem südafrikanischen Agrarkonzern und einer deutschen Fluggesellschaft auf Schwarze vor allem als Arbeiter, Buchhalter, Sekretärinnen und Assistentinnen. Schwarze in verantwortlichen Positionen sind noch die Ausnahme. Anders als das politische Leben, in dem Schwarze die Hauptrolle spielen, wird das wirtschaftliche Leben zum größten Teil von Weißen dominiert.

Britische Höflichkeit

Wie auch sonst in der südafrikanischen Gesellschaft, in der sich etwa Autofahrer per Warnblinkanlage bedanken, wenn man sie überholen lässt oder man im Restaurant selbstverständlich nicht „one steak" bestellt, sondern „a steak please", ist höfliches Verhalten ebenso im Business gefragt. So erkundigt man sich bei seinem Gesprächspartner erst einmal, wie es geht, und bedankt sich für die Zeit, die er mit einem verbringt. Auch die Frage nach der Familie gehört zum Einstiegs-Small-Talk. Themen können aber auch das Wetter, Cricket oder Rugby sein – erst dann kommt man, wesentlich langsamer als in Deutschland, zum Geschäftlichen. Der Umgangston im Business ist vor allem angelsächsisch-locker, freundlich geprägt. Anders als in Deutschland, wo inzwischen zwar auch in einigen Branchen Mitarbeiter ihre Chefs duzen, ist dies wie in anderen englischsprachigen Ländern in Südafrika der Normalfall, konstatiert Veit.

Lockerer geht es auch in Sachen „Pünktlichkeit" zu. Sie ist nicht so wichtig wie in Deutschland und Zu-spät-Kommen eher die Regel. „Überhaupt passieren Dinge langsamer, werden nicht sofort umgesetzt. Man sollte Druck machen, dabei aber trotzdem noch einigermaßen locker bleiben und lieber humorvoll mit Selbstironie darauf verweisen, dass man aus Deutschland kommt", empfiehlt Veit. Das Business laufe eben ein bisschen ruhiger und auch manche Firmenzentralen würden bereits gegen 17 Uhr zugesperrt. Beim Kontakt mit Ämtern sollte man besonders geduldig und zurückhaltend auftreten. „Take it easy", raten Südafrika-Experten. „Bringen Sie Geduld mit, behalten Sie Ihre Ziele im Auge und fordern Sie die Dinge ein. Allerdings nicht zu forsch: Die deutschen Eigenschaften wie Pünktlichkeit, Zuverlässigkeit und Strukturiertheit haben in Maßen in Südafrika sehr hohes Ansehen. Sie müssen aber gepaart werden mit viel Geduld." Zu hart und zu direkt zu sein, kommt nicht so gut an, eher wird aus deutscher Sicht um den heißen Brei herumgeredet – ähnlich wie in Großbritannien.

Entscheidungsprozesse brauchen Geduld

Der Führungsstil ist eher konsensorientiert. Entscheidungsprozesse sind nach deutschem Verständnis langwierig und umständlich. Überheblichkeit und direkte Konfrontation sind verpönt. Auf keinen Fall sollte das Gegenüber das Gesicht verlieren. Gerade bei Schwarzen sollte einem das nicht passieren. Wer sein Gegenüber anschreit, hat kaum noch eine Chance und erreicht nichts mehr bei seinen Mitarbeitern. Andererseits haben Hierarchien in Südafrika eine größere Bedeutung als in Deutschland. Allerdings eben nicht in dem Sinn, dass jemand in autoritärem Stil direkte Anweisungen an Untergebene gibt. Sondern es zählt, welchen beruflichen Status man hat.

Guter Kontakt zu Geschäftspartnern

Auch in Südafrika dient das Business-Essen dem gegenseitigen Kennenlernen. Für Europäer ungewohnt startet es bereits gegen 18 Uhr und ist gegen 21 Uhr schon wieder zu Ende. Treffen können aber auch nach englischem Muster in Clubs und bei deren Veranstaltungen stattfinden. Ist die Kleidung im Business eher konservativ und bei Clubbesuchen formell, ist sie bei privateren Anlässen sehr leger – wenn etwa statt eines Restaurantbesuchs ein Treffen zum Grillen ansteht, ein so genanntes Braii, bei dem jeder sein Fleisch mitbringt. Als gemeinsame Unternehmung kommt auch der Besuch eines Fußball- oder Rugby-Spiels in Frage, für das man die Karten besorgt. Golf spielen hat im Business einen hohen Stellenwert, man trifft sich nicht nur zu Golf-Days, sondern geht auch mit Kunden und Geschäftspartnern Golf spielen – auch am Wochenende. Südafrikaner sind außerdem sehr gastfreundlich und das sollte man auch sein, wenn Besuch aus Südafrika nach Deutschland kommt.

Last-Minute-Überblick

→ Man sollte sich auf die Herkunft des jeweiligen Geschäftspartners einstellen.

→ Der Umgangston im Business ist locker, man spricht sich häufig mit Vornamen an; dennoch ist höfliches Verhalten ein Muss.

→ Gespräche mit ausführlichem Small Talk starten, Themen wie Apartheid grundsätzlich meiden.

→ Geduld ist gefragt, vor allem bei Ämtern. Entscheidungsprozesse können sich hinziehen, sehr höflich nachfragen.

→ Akademische Abschlüsse und Titel sind wichtig und werden bei Anrede und in Schriftstücken aller Art genannt.

Südafrikanische Botschaft
Botschaft der Republik Südafrika
Tiergartenstraße 18
10785 Berlin
Tel.: 0 30 / 22 07 30
www.suedafrika.org

Deutsche Botschaft in Südafrika
Deutsche Botschaft
Pretoria 0083
180 Blackwood St. Arcadia
South Africa
Tel.: 00 27 / 12 / 4 27 89 00
www.pretoria.diplo.de

Afrika

Tourismus-Info in Deutschland
South African Tourism
Friedensstraße 6-10
60311 Frankfurt
Tel.: 0 69 / 9 29 12 90
www.southafricantourism.de

Tourismus-Info in Südafrika
South African Tourism
Bojanala House
90 Protea Road
Chislehurston
Johannesburg, 2196
Postadresse:
Private Bag X10012
Sandton, 2146
South Africa
Tel.: 00 27 / 11 / 8 95 30 00
www.southafrica.net

Kulturstandards und Kulturdimensionen
Wir sehen die Welt so, wie wir sind

Um sich in einer vielschichtigen, multikulturellen Welt zurechtzufinden und interkulturell kompetent zu handeln, ist es grundlegend, die Einflüsse der Kultur auf das menschliche Wahrnehmen, Denken, Urteilen, Empfinden und Handeln zu verstehen. Nur eine neugierige und aufgeschlossene Haltung gegenüber der fremden Kultur und ein kritisches Bewusstsein der eigenen kulturellen Prägung ermöglichen gegenseitiges Verstehen, Anpassung an fremdkulturelle Partner und Situationen und eine produktive Zusammenarbeit.

Der Kulturbegriff

Es gibt unzählige Definitionen von Kultur. Sie unterscheiden zum Beispiel zwischen einer totalistischen Betrachtungsweise, die Kultur als den vom Menschen gemachten Teil der Lebensumwelt ansieht, und einer mentalistischen Betrachtungsweise, die Kultur als ideenbildendes System oder als „collective programming of the mind" beschreibt. (Hofstede, S. 9)

Zur Definition des Kulturbegriffs greifen Experten gern auf das Bild eines Eisbergs zurück, um zu verdeutlichen, dass Kultur zu großen Teilen unsichtbar und unbewusst ist. Die sichtbare Spitze des Eisbergs umfasst offensichtliche Erscheinungen wie etwa Architektur, Kleidung und Ernährung. Die gigantischen Eismassen unter der Wasseroberfläche stehen bildlich für Werte und Normen, geistige Konzepte, Annahmen, Einstellungen und Handlungsmuster, die dem wahrnehmbaren Ausdruck von Kultur zugrunde liegen. Die unsichtbaren Elemente der Tiefenkultur bergen, wenn man sich ihrer Existenz und Wirkung nicht bewusst ist, die Gefahr von Missverständnissen, zumal Ähnlichkeiten an der Oberfläche häufig über Unterschiede in der Tiefenkultur hinwegtäuschen. (Brenk, S. 11)

Kulturstandards und Kulturdimensionen

Ähnlich anschaulich stellt sich das „Zwiebel-Modell" dar, welches die Ausprägungen von Kultur in mehrere Schichten gliedert. Der Niederländer Fons Trompenaars, ein international erfahrener Wirtschaftsberater, identifiziert dabei drei Schichten:

- *Die äußere Schicht:* Die explizite Kultur, die als sichtbare Realität in Verhalten, Kleidung, Nahrung und Sprache erkennbar ist.

- *Die mittlere Schicht:* Die Werte und Normen einer Kultur. Damit sind die Auffassungen dessen gemeint, was eine kulturelle Gruppe für gut und schlecht, also für wünschenswert (Werte), und für richtig und falsch, also für verhaltensbestimmend (Normen), hält.

- *Die innere Schicht:* Die implizite Kultur, die die Art und Weise betrifft, wie mit grundlegenden menschlichen Problemen umgegangen wird.

Die innere Schicht stellt für Trompenaars die eigentliche Kultur dar, denn mit den Grundkonstanten menschlichen Daseins ist unterschiedslos jede Kultur konfrontiert. Wie der Mensch mit diesen universellen Gegebenheiten lebt, ist jedoch kulturell bestimmt. (Trompenaars/Woolliams, S. 29ff.)

Auch das Kulturmodell des niederländischen Soziologen Geert Hofstede arbeitet mit mehreren Schichten: Drei Schichten beschreiben die sichtbaren Manifestationen von Kultur, die den inneren Kern der *Werte* umschließen (mit Werten meint Hofstede die Tendenz, bestimmte Zustände anderen vorzuziehen).

- *Symbole* sind Worte, Gesten, Bilder und Objekte, deren Bedeutung sich nur den Angehörigen der jeweiligen Kultur erschließt.

- *Vorbilder* oder Helden sind lebende, historische oder erfundene Personen, deren Qualitäten als bedeutsam erachtet werden und die zu Rollenmodellen oder Trendsettern werden.

- *Rituale* sind kollektive Verhaltensmuster, die in bestimmten Situationen ablaufen und die nur um ihrer selbst willen vollzogen werden.

Als kulturelle *Praktiken* werden Symbole, Vorbilder und Rituale für den außen stehenden Betrachter sichtbar, ihre Bedeutung offenbart sich jedoch nur den Angehörigen einer Kultur, die diese Praktiken entsprechend interpretieren können. (Hofstede, S. 10f.)

Alexander Thomas, Professor für soziale Psychologie und Organisationspsychologie an der Universität Regensburg, definiert Kultur folgendermaßen: „Kultur strukturiert ein für die Bevölkerung spezifisches Handlungsfeld, das von geschaffenen und genutzten Objekten bis hin zu Institutionen, Ideen und Werten reicht. Kultur manifestiert sich immer in einem für eine Nation, Gesellschaft, Organisation oder Gruppe typischen Orientierungssystem." Seiner Ansicht nach wird dieses Orientierungssystem aus spezifischen Symbolen gebildet und in der jeweiligen Gesellschaft, Organisation oder Gruppe tradiert. Das Orientierungssystem definiert dabei für alle Mitglieder ihre Zugehörigkeit zur Gesellschaft oder Gruppe und ermöglicht ihnen ihre ganz eigene Umweltbewältigung. (Thomas, Handbuch, Bd. 1, S. 22) Als zentralen Bestandteil dieser Definition hebt Thomas den Begriff des *Orientierungssystems* hervor. Beim zentralen menschlichen Bedürfnis, sich in der Welt zurechtzufinden, leiste Kultur als Wissen von der gegenständlichen und sozialen Umwelt eine wertvolle Hilfe, „da sie es ermöglicht, den uns umgebenden Dingen, Personen, Gegenständen, aber auch Ereignisfolgen und komplexen Prozessabläufen sowie Verhaltenskonsequenzen Bedeutung und Sinn zu verleihen." (Thomas, Handbuch, Bd. 1, S. 22)

Kulturstandards

Kulturspezifische Orientierungssysteme bestehen aus verschiedenen, aufeinander bezogenen Deutungs-, Wertungs- und Handlungsmustern, die von den Mitgliedern einer Kultur in bestimmten Situationen und über alle Lebensbereiche hinweg aktiviert werden, den so genannten Kulturstandards. Sie bieten nach Meinung von Experten wie Alexander Thomas den Mitgliedern einer Kultur Orientierung für das eigene Verhalten und ermöglichen zu entscheiden, welches Verhalten als normal, typisch, noch akzeptabel anzusehen oder welches Verhalten abzulehnen ist. Kulturstandards wirken wie implizite Theorien und sind durch die Sozialisation verinnerlicht. Kulturstandards bestehen aus einer zentralen Norm und einem Toleranzbereich.

Da das eigene kulturelle Orientierungssystem zum alltäglichen und „normalen" Leben gehört, weil man darin aufgewachsen ist und in der Regel nie etwas anderes erlebt hat, treten diese unbewusst wirkenden Kulturstandards zumeist erst im Zusammentreffen mit Menschen aus einer fremden Kultur zutage. Die Abweichungen, die bei einer Konfrontation zwischen den Selbstverständlichkeiten zweier Kulturen deutlich werden, erlauben Rückschlüsse auf die zugrunde liegenden kulturtypischen Orientierungen. Diese Orientierungen, die natürlich in unterschiedlicher Ausprägung auftreten, werden für die Beschreibung des „Typischen" bzw. die Formulierung von Standards zwangsläufig abstrahiert und verallgemeinert. (Schroll-Machl, S. 29)

Kuturdimensionen

Bei der Definition von Kulturstandards unternimmt man den Versuch, ein bestimmtes Verhalten auf ein (spezifisches) zugrunde liegendes kulturelles Muster zurückzuführen. Bei der Suche nach Kulturdimensionen geht es dagegen um die weiter reichende Frage, ob bestimmte Kulturstandards auf Grunddimensionen (allgemeinen) menschlichen Verhaltens zurückgeführt werden können. Dabei erfassen die Modelle, die zur Strukturierung der kulturellen Dimensionen entwickelt wurden, ihren Gegenstand zumeist auf linearen, bipolaren Skalen. Jede Dimension besteht aus einer Achse, die zwei extreme Werte verbindet. Auf ihr werden die jeweiligen Kulturen angeordnet.

Kulturdimensionen nach Geert Hofstede

Ein Pionier auf dem Gebiet kulturvergleichender Forschung ist der Niederländer Geert Hofstede. Von 1967 bis 1973 führte er eine umfangreiche Studie durch, bei der über 100 000 Mitarbeiter eines multinationalen Computerkonzerns in einem Fragebogen zu ihren arbeitsbezogenen Wertvorstellungen befragt wurden. Nach Auswertung der Antworten definierte Hofstede vier Dimensionen kultureller Unterschiede, denen er später eine fünfte Dimension hinzufügte. (Zusammenfassung von Layes, in: Thomas, Handbuch, Bd. 1, S. 61ff.)

1. Machtdistanz

Die Machtdistanz oder Power Distance, kurz PDI, beschreibt den Grad, in dem ungleiche Machtverhältnisse akzeptiert werden. In Kulturen mit hoher Machtdistanz werden große Machtgefälle als unproblematisch erlebt und als Teil der Gesellschaft akzeptiert. Bei hoher Machtdistanz kommt es zur Ausbildung von vielschichtigen und undurchlässigen Hierarchiesystemen. Der Abstand zwischen Leitern und Unterstellten, Lehrern und Schülern oder Erwachsenen und Kindern wird häufig betont, und Menschen mit Führungspositionen lösen viel Respekt aus. Bei Kulturen mit niedriger Machtdistanz werden ungleiche Machstrukturen als problematisch erlebt und bekämpft. In flachen und durchlässigen Hierarchiesystemen sind die Unterschiede zwischen Personen in über- und untergeordneter Position oft kaum bemerkbar.

Auswirkungen im Arbeitsleben:

Niedrige Machtdistanz	Hohe Machtdistanz
Flache Hierarchien	Vielschichtige Hierarchien
Der ideale Chef ist ein einfallsreicher Demokrat, der sich selbst als praktisch, systematisch und auf Unterstützung angewiesen sieht.	Der ideale Chef ist ein wohlmeinender Autokrat oder guter Vater, der sich selbst als hilfsbereiten Entscheidungsträger sieht.
Manager verlassen sich auf persönliche Erfahrung und Untergebene.	Manager verlassen sich auf formelle Regeln.
Untergebene erwarten, gefragt zu werden.	Untergebene erwarten Anweisungen.
Privilegien und Statussymbole für Manager rufen Missfallen hervor.	Privilegien und Statussymbole für Manager sind populär und werden erwartet.

(Quelle: Hofstede, S. 107f.)

2. Unsicherheitsvermeidung

Die Dimension Unsicherheitsvermeidung oder Uncertainty Avoidance (kurz UAI) beschreibt den Grad, in dem unbekannte, unklare oder mehrdeutige Situationen Verunsicherung und Ängstlichkeit hervorrufen. Gesellschaften, Institutionen oder Organisationen mit starker Unsicherheitsvermeidung reagieren auf unklare Verhältnisse mit Desorientierung oder Aggression und versuchen, durch strenge Regelsysteme das Auftreten unstrukturierter Situationen auf ein Mindestmaß zu beschränken. Die Regeln, die das öffentliche wie das private Leben bestimmen, haben hohe Verbindlichkeit, Verstöße werden bestraft. Im Gegensatz dazu reagieren Mitglieder von Kulturen mit schwacher Unsicherheitsvermeidung gelassen auf chaotische Verhältnisse. Unstrukturierte Situationen werden bereitwilliger akzeptiert. Die gesellschaftlichen Regelsysteme sind sehr flexibel und wenig verbindlich. Laut Hofstede zeigt sich das Bedürfnis nach Interpretierbarkeit, Vorhersehbarkeit und nach festen Strukturen in drei Bereichen: *Technologie* hilft beim Schutz gegen die Unsicherheiten der Natur, *Gesetze* helfen bei der Verteidigung gegen Unsicherheiten im Verhalten anderer und *Religion* hilft, Unsicherheiten zu akzeptieren, gegen die man sich nicht schützen kann. (Hofstede, S. 146)

Auswirkungen im Arbeitsleben:

Niedrige Unsicherheitsvermeidung	Hohe Unsicherheitsvermeidung
Geringe Loyalität gegenüber Arbeitgeber, kurze Beschäftigungszeiten	Starke Loyalität gegenüber Arbeitgeber, lange Beschäftigungszeiten
Beziehungsorientiertheit	Aufgabenorientiertheit
Viele neue Patente/ Warenzeichen werden vergeben.	Wenige Patente/ Warenzeichen werden vergeben.
Präzision und Pünktlichkeit müssen erlernt und überwacht werden.	Präzision und Pünktlichkeit sind selbstverständlich.

(Quelle: Hofstede, S. 169f.)

3. Individualismus

Individualismus oder Individualism (kurz IDV) als Dimension bezeichnet den Grad, in dem sich die Mitglieder einer Kultur als Teil eines sozialen Beziehungsgefüges betrachten und sich diesem gegenüber verpflichtet fühlen. In individualistischen Kulturen steht die Entfaltung des Einzelnen im Mittelpunkt. Menschen, die sich primär als Individuum wahrnehmen, richten ihre persönlichen Interessen unabhängig und losgelöst von Gruppenbeziehungen und -interessen aus. In kollektivistischen Kulturen stellt sich das Individuum in den Dienst der Gesellschaft. Die Mitglieder einer kollektivistischen Kultur sehen sich zuerst als Angehörige einer Gruppe von sozialen Bezugspersonen und versuchen, ihre persönlichen Ziele im Einklang mit dieser Gruppe zu bilden und zu erreichen.

Auswirkungen im Arbeitsleben:

Niedriger Grad an Individualismus	Hoher Grad an Individualismus
Verwandte von Arbeitgeber und Arbeitnehmern werden bevorzugt eingestellt.	Verwandtschaftliche Beziehungen werden bei Bewerbungen als Nachteil betrachtet.
Schlechte Leistungen sind Grund für andere Aufgabe.	Schlechte Leistungen sind Grund für Entlassung.
Im Geschäftsleben haben persönliche Beziehungen Vorrang vor Aufgabe und Firma.	Im Geschäftsleben haben Aufgabe und Firma Vorrang vor persönlichen Beziehungen.
Weniger Kontrolle über Job und Arbeitsbedingungen, weniger Arbeitsstunden.	Mehr Kontrolle über Job und Arbeitsbedingungen, mehr Arbeitsstunden.

(Quelle: Hofstede, S. 244f.)

4. Maskulinität

Die Dimension Maskulinität oder Masculinity (kurz MAS) meint den Grad, in dem die Geschlechterrollen voneinander getrennt und festgelegt sind. In maskulinen Kulturen werden die gesellschaftlichen Rollen von Männern und Frauen deutlich voneinander getrennt: Männer sind „tough", Frauen „tender". Die männliche Rolle ist durch Dominanz, Durchsetzungsvermögen und Streben nach Leistung sowie nach materiellen Zielen gekennzeichnet („Ego-Ziele"). Die weibliche Rolle ist durch Unterordnung, Bescheidenheit, Fürsorglichkeit und Warmherzigkeit geprägt (soziale Ziele). In femininen Kulturen werden die Geschlechterrollen nicht durch klar bestimmte Merkmale definiert. Geschlechtsspezifisches Rollenverhalten tritt kaum in Erscheinung, stattdessen überschneiden sich die Rollen der Geschlechter und fast alle gesellschaftlichen Rollen können sowohl von Männern als auch von Frauen eingenommen werden.

Auswirkungen am Arbeitsplatz:

Niedrige Maskulinität	Hohe Maskulinität
Arbeiten, um zu leben	Leben, um zu arbeiten
Erfolgreiche Manager haben sowohl männliche als auch weibliche Eigenschaften.	Erfolgreiche Manager haben nur männliche Eigenschaften.
Geringere Gehaltsunterschiede zwischen den Geschlechtern	Größere Gehaltsunterschiede zwischen den Geschlechtern
Bei Frauen im Management Priorität der Familie vor dem Beruf	Bei Frauen im Management Priorität des Berufs vor der Familie
Weniger Arbeitsstunden bevorzugt	Höheres Gehalt bevorzugt

(Quelle: Hofstede, S. 318)

5. Langzeitorientierung

Langzeitorientierung oder Long-Term Orientation (kurz LTO) als fünfte Dimension bezeichnet, in welchem Ausmaß Wert auf langfristiges Denken gelegt wird. Unter Bezugnahme auf die Lehren des Konfuzius wurde sie von einer Forschergruppe in China erarbeitet und in Nachfolgestudien erforscht. Bei einer langfristigen Lebensorientierung wirken alte Traditionen bis in die

Gegenwart hinein, gleichzeitig haben gegenwärtige Handlungen eine hohe Verbindlichkeit für die Zukunft. Kulturen mit hoher Langzeitorientierung sind geprägt von stabilen, verbindlichen, generationsübergreifenden sozialen Gefügen, die nur schwer und langfristig zu verändern sind. In Kulturen mit kurzfristiger Lebensorientierung haben Traditionen keinen hohen, sondern lediglich nostalgischen Stellenwert. Heutiges kann morgen schon vergessen sein. Soziale Veränderungen geschehen hier leicht, wobei die entstehenden Verhältnisse Hofstede zufolge häufig instabil und unsicher sind.

Auswirkungen auf die sozialen Beziehungen:

Geringe Langzeitorientierung	Hohe Langzeitorientierung
Alle Kinder sind gleich.	Unterscheidung zwischen älteren und jüngeren Brüdern und Schwestern
Gleiche Interessen sind Voraussetzung für Heirat.	Gleiche Interessen sind keine Voraussetzung für Heirat.
Alter kommt später.	Alter kommt früher als befriedigende Lebensphase.

(Quelle: Hofstede, S. 366f.)

Kulturdimensionen nach Edward T. Hall

Auch der amerikanische Forscher Edward T. Hall hat Kulturdimensionen definiert – auf Basis eines anthropologischen Ansatzes (Zusammenfassung von Layes, in: Thomas, Handbuch, Bd. 1, S. 63f.). Hall ging es darum, grundlegende Dimensionen menschlichen Zusammenlebens zu bestimmen, mit denen sich Menschen in allen Kulturen gleichermaßen auseinander setzen müssen. Er bezeichnete die Dimensionen Raum, Zeit und Kommunikation als Grundkonstanten, angesichts derer Menschen gezwungen sind, bestimmte Handlungsstandards zu entwickeln.

Kulturstandards und Kulturdimensionen

In Bezug auf den Raum führt Hall als Beispiel die körperliche Distanz an, die man zu anderen Menschen freiwillig einnimmt. In Bezug auf die Zeit unterscheidet Hall *monochrone* und *polychrone* Kulturen. In monochronen Kulturen gibt die Zeit eine Linie vor, auf der alle Handlungen einzeln nacheinander angeordnet werden. Eine neue Handlung wird erst begonnen, nachdem die vorherige abgeschlossen ist. In polychronen Kulturen eröffnen sich durch unterschiedliche Handlungsabsichten verschiedene Ebenen, die parallel und gleichzeitig verfolgt werden. Während monochrone Kulturen terminfixiert sind und hohe Anforderungen an die Zuverlässigkeit von Personen (und gesellschaftlichen Institutionen wie etwa den öffentlichen Nahverkehr) stellen, ist die Terminplanung in polychronen Kulturen eher offen und verlangt von allen Beteiligten ein hohes Maß an Flexibilität. Anders als in monochronen Kulturen ist dementsprechend die Toleranz gegenüber Störungen, Unterbrechungen und Überschneidungen hoch.

Hinsichtlich der Kommunikation untersuchte Hall, inwieweit der nichtsprachliche Situationskontext in ein Gespräch mit einfließt. Er unterscheidet Kommunikation mit *hohem Kontext* und *geringem Kontext*. In „High-Context"-Kulturen sind Atmosphäre und nonverbale Signale wesentliche Bestandteile der Gesprächssituation. Explizite sprachliche Äußerungen stecken voller impliziter Andeutungen, deren Bedeutung sich nicht allein aus der Rede, sondern nur über den Kontext erschließt. „Low-Context"-Kulturen versuchen, alle relevanten Informationen explizit zur Sprache zu bringen. Da die Worte selbst die Bedeutung enthalten, ist ein Verständnis auch ohne Situationskontext möglich und Zuhörern bleibt wenig Raum für Interpretationen.

Kulturdimensionen nach Fons Trompenaars

Fons Trompenaars hat die Modelle von Hofstede, Hall und anderen aufgegriffen, mit seinen beruflichen Erfahrungen verglichen und ein eigenes Kulturdimensions-Modell entwickelt (Zusammenfassung von Layes, in: Thomas, Handbuch, Bd. 1, S. 64ff.). Obwohl auch sein Modell mit bipolaren Ausrichtungen arbeitet, weist er auf die Einschränkung solcher Modelle hin. Denn sie beinhalten, dass eine

Kultur, je stärker sie einem Ende einer Dimension zustrebt, umso weniger zum anderen Ende tendiert. (Trompenaars/Woolliams, S. 11) Immerhin besteht die Möglichkeit, dass beide Extreme in einer einzigen Kultur existieren, und Trompenaars macht darauf aufmerksam, dass viele Aspekte von Kultur mit derartigen Modellen nicht vollständig erfasst werden können. Dennoch hält er solche Modelle für sinnvoll, um kulturelle Unterschiede zu erkennen.

Trompenaars konstatiert Unterschiede in drei Lebensbereichen: dem Verhältnis der Menschen zu Zeit, Natur und zu anderen Menschen. Diese Unterschiede hat er in sieben Dimensionen eingeteilt.

Universalismus und Partikularismus

Diese Dimension hinterfragt, inwieweit allgemein gültige Regeln für das menschliche Zusammenleben eingefordert, aufgestellt und durchgesetzt werden. (Trompenaars/Woolliams, S. 37ff.) Universalistischere Kulturen folgen standardisierten Regeln, die häufig Teil eines Moralsystems sind. Universalisten halten ihre Normen für richtig und maßgeblich und versuchen, in allen Fällen nach dem einen, gleichen und gerechten Maßstab zu handeln. Partikularistisch orientierte Kulturen lehnen eine strikte Regelbefolgung ab. Sie betonen vielmehr die jeweiligen Umstände und erachten diese für stärker als allgemeine Regeln, sodass eine Reaktion je nach Umständen und Beteiligten unterschiedlich ausfallen kann. Hier geht es um die „ethische Verantwortung" (Schroll-Machl, S. 90), die sich entweder an abstrakten Regeln oder an konkreten Beziehungen und Situationen orientiert. Trompenaars hat diese Dimension unter anderem mit der Frage ausgelotet, ob man zugunsten eines Freundes eine falsche Aussage machen würde, also Hilfsbereitschaft höher zu bewerten ist als das Verbot zu lügen. (Trompenaars/Woolliams, S. 38ff.)

Individualismus und Kommunitarismus

Diese Dimension hinterfragt, wie auch Hofstedes Dimension des Individualismus, inwieweit eine Kultur individuelle Leistungen und Kreativität fördert. (Trompenaars/Woolliams, S. 50ff.) In individualistischen Kulturen wird der Konflikt zwischen individuellen Wünschen und Gruppeninteressen zugunsten des Individuums entschieden. In kommunitaristischen Kulturen hat eine gemeinsame

Vorstellung vom Gemeinwohl Vorrang. Der Unternehmensberater Frank Herbrand hebt in seiner Zusammenfassung von Hofstedes Kulturmodell die beiderseitigen Verpflichtungen hervor, die in solch kommunitaristischen Gesellschaften auch im Arbeitsleben bestehen. Wie in einer Familie werde die Beziehung zwischen Arbeitgeber und Arbeitnehmer als eine moralische angesehen, die einerseits Schutz gewährt und andererseits Loyalität fordert. (Herbrand, S. 21)

Neutral und affektiv
Diese Dimension hinterfragt, inwieweit starke Gefühlsäußerungen kontrolliert werden. (Trompenaars/Woolliams, S. 56ff.) Während in neutralen Kulturen das Bemühen vorherrscht, emotionale Reaktionen in öffentlichen Situationen unter Kontrolle zu halten und Diskussionen oder Verhandlungen auf der Basis von Sachargumenten zu führen, lassen affektive Kulturen ihren Empfindungen freien Lauf und akzeptieren den spontanen Ausdruck von Gefühlen bei anderen. Dabei haben Menschen, die sich emotional neutral verhalten, natürlich auch Gefühle – sie zeigen diese aber nicht. Anstelle einer direkten emotionalen Reaktion erhoffen sie sich laut Trompennaars eine indirekte Reaktion, die sich ebenfalls in Form von emotionaler Unterstützung äußert, aber auf der Reflexion des Gegenübers basieren soll. Der dänische Wirtschaftsmanager und Autor Richard R. Gesteland führt in diesem Zusammenhang aus, dass der Mythos vom „undurchschaubaren Asiaten" daher rührt, dass die tendenziell emotional neutral auftretenden Asiaten ihre Gefühle verbergen – besonders die negativen. Stark beziehungsorientiert gehe es ihnen darum, die Harmonie zu erhalten und nicht das Gesicht zu verlieren. Das wäre dann der Fall, wenn einer der Beteiligten die Beherrschung verliert und dadurch alle Anwesenden in Verlegenheit bringt. (Gesteland, S. 36)

Spezifisch und diffus
Diese Dimension hinterfragt, in welcher Weise anderen Menschen Zugang zur eigenen Person gewährt wird. (Trompenaars/Woolliams, S. 67ff.) In spezifischen Kulturen begegnen sich Menschen ausschließlich in bestimmten Lebensbereichen. Ihr Engagement beschränkt sich auf einzelne Persönlichkeitsebenen, ohne dass die Beteiligten den Wunsch verspüren, auch in anderen Bereichen Kontakt zu haben. In diffusen Kulturen werden Menschen, die einen gewissen

Bekanntheitsgrad überschritten haben, in mehreren Bereichen und auf mehreren Ebenen gleichzeitig einbezogen. Während in einer spezifischen Beziehung zwei Partner im öffentlichen Raum agieren, teilen sie sich in einer diffusen Beziehung auch ihre Privatsphäre. Trompenaars führt die Amerikaner als Beispiel für eine spezifische Kultur an: Weil sie sich ihren privaten Bereich bewahren, könnten sie auf anderen Ebenen so offen sein (die viel zitierte entgegenkommende, aber oberflächliche Art der Amerikaner). Diffuse Kulturen sind zurückhaltender und nicht so direkt. Hier ist es mitunter so, dass ein umfassendes Kennenlernen überhaupt erst die Voraussetzung für die Aufnahme von Geschäftsbeziehungen ist.

Errungenschaft und Zuschreibung

Diese Dimension hinterfragt, wodurch man gesellschaftlichen Status erhält. (Trompenaars/Woolliams, S. 76ff.) In allen Gesellschaften gibt es Mitglieder mit höherem Status, doch liegt ein Unterschied darin, ob sie diesen durch persönliche Leistungen selbst errungen oder ihn aufgrund von Alter, Titel, Klasse oder Geschlecht von der Gesellschaft zugeschrieben bekommen haben. In Kulturen, die sich an Errungenschaften orientieren, sind Status und Macht von der Leistung abhängig. Es wird angenommen, dass sich Menschen in angesehener Position diese verdient haben und sich für ihre Organisation verantwortlich fühlen. In Kulturen, die dagegen an Zuschreibung orientiert sind, hängen angesehene Positionen von Herkunft, Alter, Geschlecht, Bildung oder anderen Faktoren ab. Man muss nicht zwangsläufig etwas leisten, um der Position würdig zu sein. Als Beispiel verweist Trompenaars auf die Problematik, die sich in Fragen der Personalplanung stellen kann. Wird in zuschreibungsorientierten Kulturen das alte, „ineffiziente" Management durch ein neues ersetzt, das – nach westlichen Maßstäben – Leistung vorweist, kann es sein, dass es von den Beschäftigten dennoch nicht akzeptiert wird und weder Ansehen noch Autorität hat. (Trompenaars/Woolliams, S. 77)

Sequenziell und synchron

Diese Dimension hinterfragt, ähnlich Halls Unterscheidung in polychrone und monochrone Kulturen, wie Menschen ihre Zeit einteilen und Dinge erledigen. (Trompenaars/Woolliams, S. 82ff.) Sequenzielle oder monochrone Kulturen haben eine Vorstellung von der Zeit als dünner Linie und konzentrieren sich zu einer bestimmten Zeit auf bestimmte Dinge. Synchrone oder polychrone Menschen haben eine Idee von der Zeit, als ob sie auf parallelen Linien verlaufen würde. Sie wechseln je nach Notwendigkeit zwischen den Aktionssträngen, um kurz- und langfristige Ziele gleichzeitig zu verfolgen. Trompenaars vergleicht eine Verabredung unter Deutschen und Chinesen: Die Deutschen planen ihren Termin sehr genau mit einer festen, durchgehenden Zeitspanne. Alle Beteiligten müssen sich genau daran halten, ohne dass ein Spielraum für Verschiebungen eingeräumt wird. Chinesen dagegen verabreden keinen festen Termin, sondern vereinbaren ein Treffen „am Vormittag" für mehrere Gäste. In Abhängigkeit von der Beziehung zum Gastgeber wird man entweder gebeten zu warten oder man wird zum Gespräch mit den bereits anwesenden Personen geladen. (Trompenaars/Woolliams, S. 91)

Interne und externe Kontrolle
Diese Dimension klärt, wie stark eine Kultur versucht, die Natur zu kontrollieren. (Trompenaars/Woolliams, S. 96ff.) In Europa wurde die Natur bis zur Renaissance als Organismus betrachtet und die Menschen fühlten sich von ihrer Umwelt beherrscht. In der Renaissance wandelte sich diese Auffassung: Die Menschen waren nun überzeugt, dass sie die Natur beherrschen könnten. Kulturen mit einer solch mechanistischen Naturvorstellung sehen die Natur als unabhängige, unbändige Macht, die sie erforschen und zähmen können. Die Menschen denken, Handlungsabläufe selbst bestimmen zu können und empfinden sich als selbstbestimmt. Kulturen mit organischer Naturvorstellung sehen sich dagegen als Teil der Natur. Sie versuchen sich anzupassen, um im Einklang mit ihr zu leben. Die Menschen richten ihr Augenmerk weniger auf sich selbst als auf die Umwelt und empfinden sich eher als fremdbestimmt. Trompenaars merkt an, dass die Natur in Unternehmen eine wichtige Rolle spielt. Die eine Möglichkeit ist, dass Personen oder Abteilungen glauben, dass sie die Welt um sich herum kontrollieren können. Das führt zu entsprechenden Handlungen wie etwa auf den Markt drängen und verkaufen, was man herstellen kann. Die umgekehrte Möglichkeit: Mitarbeiter holen sich Hinweise aus der Umwelt und reagieren entsprechend, indem sie den Markt beobachten und herstellen, was man verkaufen kann. (Trompenaars/Woolliams, S. 99)

Vom Umgang mit Kulturdimensions-Modellen

Diese und andere Kulturdimensions-Modelle werden so oder ähnlich im Bereich der interkulturellen Kommunikation verwendet und ergänzen sich zum Teil. Der Praktiker Gesteland, der weltweit Erfahrungen gesammelt hat, konstatiert zum Beispiel einen grundlegenden Hauptunterschied zwischen Business-Kulturen, wobei er gegensätzliche Kulturstandards unterscheidet. (Gesteland, S. 14ff.) Aus der Opposition von *Abschlussorientiertheit*, der prinzipiellen Ausrichtung auf die eigentliche Aufgabe, und von *Beziehungsorientiertheit*, des Nutzens persönlicher Beziehungsgeflechte, ergeben sich seiner Ansicht nach gegensätzliche Herangehensweisen was die Kontaktaufnahme, Verhandlungsführung und sprachliche Interaktion angeht.

Die einzelnen Kulturdimensions-Modelle unterscheiden sich zwar in ihren jeweiligen Dimensionen, mit denen Unterschiede beschrieben werden, es gibt aber in einigen Punkten Ähnlichkeiten. Das legt die Folgerung nahe, dass zumindest gewisse Grundkonstanten beziehungsweise gleiche Phänomenbereiche beschrieben werden.

Vorsicht Klischee!

Weiterhin stellen diese Modelle anschauliche Kategorien und prägnante Begriffe zur Verfügung, mit denen Menschen im Bereich der interkulturellen Kommunikation sowohl theoretisch als auch praktisch arbeiten können. Als nützliche „Denkwerkzeuge" (Layes, in: Thomas, Handbuch, Bd. 1, S. 72) helfen diese Konzepte, das Nachdenken über fremde Handlungs- und Verhaltensweisen zu strukturieren. Die Gefahr, entlang bestimmter Kulturdimensionen Stereotypen und Vorurteile zu bilden, ist jedoch groß. Wissenschaftler empfehlen deshalb, die jeweiligen Modelle mit Vorsicht anzuwenden und die Kulturdimensionen in eine allgemeine, übergreifende Kulturtheorie einzubetten, um vorschnelle Rückschlüsse auf eine Nationalkultur zu vermeiden.

Kulturstandards und Kulturdimensionen

Ergebnisse filtern

Der französische Forscher Jacques Demorgon schlägt drei „Filter" vor, durch die man die Beobachtungen über eine fremde Kultur laufen lassen sollte (Layes, in: Thomas, Handbuch, Bd. 1, S. 67ff.). Zunächst sollte man danach fragen, auf welcher *Ebene* bestimmte Verhaltensweisen beobachtet werden: Handelt es sich um eine einzelne Person (Individualebene), um eine kleine Gruppe (Kleingruppenebene), um eine bestimmte gesellschaftliche Schicht (subkulturelle Ebene) oder tatsächlich um alle Gruppen und Subkulturen einer Nation (nationalkulturelle Ebene)? Den zweiten Filter stellt die Frage nach den *Lebensbereichen* dar, um zu überprüfen, ob die beobachteten Verhaltensweisen an einen bestimmten sozialen Kontext wie zum Beispiel Arbeit, Privatleben oder Religion gebunden sind oder ob sie auch in anderen Lebensbereichen auftreten. Als dritten Filter empfiehlt Demorgon die Frage nach der *Geschichte*. Gab es eine vorübergehende, durch die historische Situation erzwungene Notwendigkeit für ein bestimmtes Verhalten, oder zieht es sich wie ein roter Faden durch den gesamten Verlauf der Geschichte?

Grundsätzliche Problematik: Eindimensionalität und Perspektive

Unabhängig davon, ob die Bestimmung von Kulturdimensionen der wissenschaftlichen Forschung dienen oder als praktische Orientierungshilfe bei interkulturellen Begegnungen zum Einsatz kommen soll – zwei grundsätzliche Probleme sollten dabei immer im Blick behalten werden. Das eine Problem besteht in der bereits erwähnten *Eindimensionalität*. Alle zuvor angesprochenen Modelle definieren lineare Achsen zwischen zwei extremen, gegensätzlichen Polen. Auf diesen Achsen werden die Nationen und/oder Kulturen nach dem Prinzip des „Entweder-Oder" angeordnet. Damit wird nicht nur unterstellt, dass beide Extreme einer Dimension nicht gleichzeitig in ein und derselben Kultur auftreten können, sondern es wird auch vernachlässigt, dass es innerhalb einer Dimension durchaus verschiedene Ausprägungen beziehungsweise mehrere Merkmale geben kann. Als Beispiel dafür, dass es meist mehr als ein Unterscheidungskriterium gibt, führt Gabriel Layes im „Handbuch

Interkulturelle Kommunikation" die unterschiedliche Ausformung von Hierarchiesystemen an. Sie können zwar alle auf Hofstedes Achse der Machtdistanz erfasst werden, weisen aber noch in weiteren Punkten Unterschiede auf als lediglich in der Bereitschaft, bestehende Machtgefälle zu akzeptieren. So kann es bei der Form der Autoritätsausübung oder bei Fragen der Fürsorglichkeit zu stark abweichenden Ergebnissen beim Nationenvergleich kommen. (Layes, in: Thomas, Handbuch, Bd. 1, S. 71)

Den Dualismus von sich ausschließenden Gegensätzen, der sich in den Modellen andeutet, bezeichnet die Soziologin und Wirtschaftswissenschaftlerin Dr. Hanne Seelmann-Holzmann als typisch für das westliche Denken. (Seelmann-Holzmann, S. 226) In ihrem Buch „Global Players brauchen Kulturkompetenz" arbeitet sie heraus, dass die europäische Denkweise unter anderem durch die griechische Philosophie und die christliche Religion beeinflusst ist. Während das antike Griechenland und das Christentum in ihrem Streben nach Erkenntnis die Gegensätze von richtig und falsch, gut und böse etablierten, besteht der asiatische Dualismus nicht aus Gegensätzen, die sich ausschließen, sondern aus Kräften, die sich gegenseitig bedingen – die polaren Kräfte Yin und Yang sind in jedem Prozess enthalten. Diese Ambivalenz und das Anerkennen von vielen Wahrheiten als Teilaspekten einer „universellen Wahrheit" führen dazu, dass die asiatischen Philosophien auch andere Deutungen und Überzeugungen als die eigenen zulassen und sich durch Aufgeschlossenheit und Toleranz auszeichnen. Die christliche Religion hingegen mit ihren Glaubensdogmen und mit dem Anspruch auf das Monopol zur Deutung der Welt ist durch ihren Absolutheitsanspruch geprägt. Seelmann-Holzmann folgert aus ihrer geistesgeschichtlichen Analyse, dass sich das von christlicher Religion, Rationalismus und protestantischem Arbeitsethos geprägte abendländische Denken durch stetiges Bewerten und ständiges Entscheiden zwischen richtig und falsch auszeichnet, was nur wenig Raum für Zwischentöne lässt. (Seelmann-Holzmann, S. 231)

Der hier aufscheinende Zusammenhang zwischen der schwarzweiß zeichnenden westlichen Denkweise und den extrempoligen Kulturdimensions-Modellen verweist auf das zweite grundlegende

Kulturstandards und Kulturdimensionen

Problem bei der Bestimmung von Kulturdimensionen: Es ist alles eine Frage der *Perspektive*. Die eigene Weltsicht und Kultur prägt sowohl die abstrakten Begriffe und Modelle, die zur Beschreibung fremder Kulturen herangezogen werden, als auch die konkreten Beschreibungen selbst. Oder wie der Experte Trompenaars es ausdrückt: „Wir sehen die Welt nicht so, wie sie ist, sondern nur so, wie wir sind." (Trompenaars/Woolliams, S. 32) Trompenaars weist darauf hin, dass kulturelle Ausrichtungen und Ansichten weder richtig noch falsch, sondern lediglich verschieden seien. Sein Bestreben richtet sich darauf, kulturelle Unterschiede zu erkennen, zu achten und auszusöhnen. Es müsse zu einem gemeinsamen und gegenseitigen Verständnis der Position des anderen kommen, um innerhalb verschiedener Deutungsmuster eine integrierende Lösung zu finden.

Auch Seelmann-Holzmann fordert dazu auf, unser kritisches Denken, das sich während der europäischen Aufklärung herausbildete, nicht nur auf die fremden, sondern insbesondere auf unsere eigenen Überzeugungen und Werte anzuwenden. Nicht nur, um diese als relativ zu begreifen, sondern auch, um etwas über uns selbst zu lernen. (Seelmann-Holzmann, S. 232) Denn häufig entstehen die Probleme bei interkulturellen Begegnungen nicht dadurch, dass die Beteiligten zu wenig voneinander wissen, sondern weil sie zu wenig Einsicht in ihre *eigenen* Wahrnehmungs- und Verhaltensmuster haben. Die Diplom-Psychologin Dr. Sylvia Schroll-Machl erklärt, warum Situationen, in denen Menschen aus unterschiedlichen kulturellen Orientierungssystemen aufeinander treffen, oft Konfliktpotential bergen: Beide Situationspartner versuchen unreflektiert, ihr eigenes Verhalten wie auch das des Gegenübers gemäß des eigenkulturellen Orientierungssystems zu steuern und ihren eigenen Erwartungen entsprechend zu bewerten. (Schroll-Machl, S. 24f.) Weicht das Verhalten des anderen besonders stark von den eigenen Erwartungen ab, ist bei vielen Menschen schnell die Grenze der Toleranz erreicht, und im ungünstigsten Fall wird der Versuch unternommen, das Verhalten des anderen „richtig zu stellen". Dabei wird meist übersehen, dass unser eigenes Verhalten durch unsere Kultur bedingt ist und daher ganz entscheidend dazu beiträgt, dass wir andere Erwartungen haben. (Thomas, in: Schroll-Machl, S. 12)

Bei sich selbst anfangen: Deutsche Kulturstandards

Um andere Kulturen besser zu verstehen und um zu verstehen, wie man selbst auf andere wirkt, hält es Schroll-Machl für notwendig, zuerst etwas über sich selbst und sein eigenes kulturelles Orientierungssystem zu lernen. In ihrem Buch „Die Deutschen – Wir Deutsche" erörtert sie (in großer Übereinstimmung mit Hall und Trompenaars) sieben deutsche Kulturstandards, die ein anschauliches Gefühl davon vermitteln, wie andere uns sehen.

Sachorientierung
Die Sache steht im Zentrum der Aufmerksamkeit, die Beschäftigung mit Personen ist nicht „primär relevant".

Wertschätzung von Strukturen und Regeln
Regeln und Strukturen gelten als hilfreich, sie kommen in allen Lebensbereichen zur Anwendung, werden erwartet, eingehalten und wenig hinterfragt. Verletzungen werden geahndet.

Verinnerlichte Kontrolle
Klare und universelle Richtlinien gelten für alle Menschen und werden ohne Rücksicht auf Beziehungen bei allen Menschen angewendet.

Zeitplanung
Zeitliche Planung und Termine sind wichtig, Zeitpläne werden langfristig und genau geplant und präzise erfüllt. Zeit ist ein „kostbares Gut und darf nicht nutzlos vergeudet werden, sondern muss effektiv genutzt werden".

Trennung von Persönlichkeits- und Lebensbereichen
Deutsche trennen strikt zwischen den verschiedenen Bereichen ihres Lebens, sowohl nach Sphären (beruflich – privat) als auch danach, wie nahe sie einer anderen Person stehen.

„Schwacher Kontext" als Kommunikationsstil
Der deutsche Kommunikationsstil zeichnet sich durch Explizitheit und Direktheit aus. Die Sachverhalte werden klar und eindeutig formuliert, es gibt wenig Spielraum für Interpretationen und noch weniger bis kein Verständnis für Ungesagtes.

Individualismus
Die Betonung liegt auf dem Einzelmenschen, der (emotional) relativ unabhängig von einer Gruppe ist. Die persönliche Unabhängigkeit und Selbstständigkeit werden hoch bewertet.
(Quelle: Schroll-Machl, S. 47-193)

Nach einem solchen Blick in den Spiegel und mit dem daraus resultierenden Bewusstein für die eigenen Kulturstandards, die natürlich in unterschiedlicher Ausprägung auftreten und immer von persönlich-individuellen und situativ-strukturellen Faktoren beeinflusst werden, kann man viele Missverständnisse, Kränkungen und Konflikte in interkulturellen Begegnungen umgehen oder zumindest abschwächen. Dabei hilft es, sich außerdem das Bild des „Eckenstehers" zu vergegenwärtigen, vom dem der Philosoph Friedrich Nietzsche sprach, um auszudrücken, dass man die Welt von der Ecke aus, in der man steht, mit einer bestimmten Perspektive wahrnimmt.

Schlussbemerkung

Den eigenen Horizont zu erweitern, sich mit den Business-Spielregeln rund um den Globus zu beschäftigen – das bedeutet, Interkulturelle Kompetenz zu erwerben. Und damit nicht nur das Wissen über Gepflogenheiten anderer Länder zu besitzen, sondern ein Gespür für die Problematik kultureller Unterschiede zu entwickeln. Dazu zählt auch die Fähigkeit, das eigene Verhalten mit etwas Abstand zu überdenken und Probleme zu erkennen, die durch interkulturelle Konflikte entstanden sind. Eine fehlgeschlagene Produktentwicklung in Indien, Unstimmigkeiten in der Kommunikation zwischen amerikanischer Zentrale und deutscher Tochterfirma, ein unvermittelt abgebrochener Auslandseinsatz einer Führungskraft – das alles könnten Auswirkungen interkultureller Schwierigkeiten sein. Es könnte aber auch Gründe dafür geben, die auf einer ganz anderen Ebene beispielsweise von Firmenstrukturen liegen. In Zeiten weltumspannender Business-Aktivitäten geht es darum, ein Sensorium für die vor allem kulturell bedingten Kommunikationsprobleme zu entwickeln und von anderen Problemen zu unterscheiden. Ziel ist, die Interessen aller Beteiligten zu erkennen und angemessen zu berücksichtigen. Wer sich und sein Team auf dem Weg zu diesem Ziel noch intensiver betreuen lassen will, findet neben Literaturhinweisen im Anhang Service-Adressen von interkulturellen Experten und Institutionen.

Internationales Teamwork ist täglich stärker gefragt – mit Interkultureller Kompetenz als Schlüsselqualifikation sind Sie fit fürs Globale Business.

Service-Adressen: Interkulturelle Experten und Institutionen

AFS Interkulturelle Begegnungen e.V.
Friedensallee 48
22765 Hamburg
Tel.: 0 40 / 39 92 22-0
E-Mail: *info@afs.de*
www.afs.de
Für über 40 Länder bietet der AFS (American Field Service) Schüleraustausch, Gastfamilienprogramme oder Freiwilligendienste an

Dr. Christoph I. Barmeyer
Culture Bridge Consult
Marie-Alexandra-Str. 10
76135 Karlsruhe
Tel.: 07 21 / 9 33 37-56
E-Mail: *c.barmeyer@culturebridge.de*
www.culturebridge.de
Interkulturelle Managementberatung speziell für Frankreich

Paula Bergamaschi
Studio Italiano
Franz Joseph Str. 48
80801 München
Tel.: 0 89 / 2 71 64 38
E-Mail: *info@studio-italiano.de*
www.studio-italiano.de
Sprachkurse und Vermittlung von Interkultureller Kompetenz für Italien

Dr. Nilüfer Boysan-Dietrich
Coaching Corner
Elektrastraße 11
81925 München
Tel.: 0 89 / 91 79 46
E-Mail: *webmaster@coachingcorner.de*
www.coachingcorner.de
Interkulturelle Trainerin und Coach für die Türkei

Anhang

Dr. Ana M. Brenes
BSP – Business Spanish for Professionals
Hans-Mielich-Str. 19
81543 München
Tel.: 0 89 / 95 48 29 49
E-Mail: *ab@bsp-web.biz*
www.bsp-web.biz
Wirtschaftsspanisch und interkulturelles Training für Spanien

Bastian Broer
Ifim Institut für Interkulturelles Management GmbH
Maarweg 48 a
53619 Rheinbreitbach
Tel.: 0 22 24 / 9 49 50
E-Mail: *info@ifim.de*
www.ifim.de
Seminare und Trainings für Führungs- und Fachkräfte für diverse Länder

Carl-Duisberg-Centren CDC
Hansaring 49-51
50670 Köln
Tel.: 02 21 / 16 26-266
E-Mail: *info@cdc.de*
www.carl-duisberg-centren.de
Internationale Trainings für deutsche und ausländische Kunden

cifa crossculture
Charlottenplatz 17
70173 Stuttgart
Tel.: 07 11 / 22 25-102
E-Mail: *info@cifa.de*
www.cifa.de
Training zum Erwerb handlungsorientierter Interkultureller Kompetenz, Interkulturelles Firmenconsulting

Service-Adressen

Ute Clement
Werderstr. 47
69120 Heidelberg
Tel.: 0 62 21 / 16 22 01
E-Mail: *clement@uteclement.de*
www.uteclement.de
Beratung international tätiger Teams

Dr. Rolf Daufenbach
Ifim Institut für Interkulturelles Management GmbH
Maarweg 48 a
53619 Rheinbreitbach
Tel.: 0 22 24 / 9 49 50
E-Mail: *info@ifim.de*
www.ifim.de
Seminare und Trainings für Führungs- und Fachkräfte für diverse Länder

Dr. Anne Dietrich
Kunigundenstr. 14
45131 Essen
Tel.: 02 01 / 62 11 37
E-Mail: *anne.dietrich@kulturell-interkulturell.de*
www.kulturell-interkulturell.de
Betreuung und Beratung bei Fragen interkultureller Kommunikation und Konfliktmanagement

Sergey Frank
Kienbaum Executive Consultants GmbH
Ahlefelder Str. 47
51645 Gummersbach
Tel.: 0 22 61 / 70 36 88
E-Mail: *sergey.frank@kienbaum.com*
www.kienbaum.com
Leiter des Kienbaum Büros in Moskau und Partner bei Kienbaum, Experte für Business-Verhalten in diversen Ländern

Siegfried von der Groeben
AmropHever
Delta Management ConsultantsGmbH
Jensenstr. 6
81679 München
Tel.: 0 89 / 76 70 71-0
E-Mail: *groeben@Delta-Amrop.net*
Coaching, Management Review und Global Practices für Führungskräfte

Dr. Béatrice Hecht-El Minshawi
interkultur
Sielwall 67
28203 Bremen
Tel.: 04 21 / 70 04 02
E-Mail: *bhecht@iknord.de*
www.iknord.de
Training für Interkulturelle Kompetenz, Personal- und Organisationsentwicklung mit Angeboten zu allen Erdteilen, Schwerpunkt Arabien

Holzhauser & Partner GbR
Frühlingsstr. 4
76327 Pfinztal
Tel.: 0 72 40 / 20 66 30
E-Mail: *info@holzhauser-partner.de*
www.holzhauser-partner.com
Beratung von europäischen Unternehmen in Fragen der Personal- und Organisationsentwicklung

Huan Hou
Asia Contact
Irma-Wenke-Str. 8
80992 München
Tel.: 0 89 / 2 72 25 13
E-Mail: *Huanhou@aol.com*
Expertin für interkulturelles Management, Training und Consulting speziell für China

Service-Adressen

interculture.de e.V. – Internationale Unternehmensberatung
Ernst-Abbe-Platz 5
07743 Jena
Tel.: 0 36 41 / 63 91 30
E-Mail: *dialog@interculture.de*
www.interculture.de
Interkulturelles Training und Coaching, Partner für Firmen, die bereits international aktiv sind oder werden wollen

Dr. Aksana L. Kavalchuk
Ahornweg 2
83137 Schonstedt
Tel.: 0 80 53 / 90 49 16
E-Mail: *axkov@t-online.de*
Interkulturelle Trainerin für die Ukraine, Weißrussland, Russland und Polen

Sieghard Klingenfeld
Compart
Kuehnstieg 7
22045 Hamburg
Tel: 0 40 / 66 67 08
Interkulturelles Training (Seminare, Einzelcoachings) für Fach- und Führungskräfte, Assistenten und Assistentinnen, speziell für Frankreich und Brasilien

Reiko Kobayashi-Weinsziehr
Heimeranstr. 66
80339 München
Tel.: 0 89 / 20 23 97-18
E-Mail: *info@japanseminar.de*
www.japanseminar.de
Expertin für interkulturelles Training speziell für Japan

Anhang

Manuela Lauch
ALINEA business
Conference 71
NL-6922 CD DUIVEN
Tel.: 00 31 / 3 16 / 28 22 20
E-Mail: *alinea.business@worldonline.nl*
Beratung zum Thema Business-Verhalten in den Niederlanden

Melinda Madew
Pappelweg 14
73087 Bad Boll
Tel.: 0 71 64 / 14 68 79
E-Mail: *mmadew@freenet.de*
Expertin für die Länder Südostasiens wie Malaysia, China, Philippinen und Singapur

Andrea Mewaldt
Hollerstr. 7b
80995 München
Tel.: 0 89 / 23 07 67 80
E-Mail: *mewaldt@open-europe-consulting.de*
www.open-europe-consulting.de
Personaltrainings für Mittel- und Osteuropa

Margit Michel
Regina-Ullmann-Str. 18
81927 München
Tel.: 0 89 / 9 29 55 76
E-Mail: *Margit.Michel@t-online.de*
www.deutsch-individuell.de
Interkulturelles Training speziell für Japan

Service-Adressen

Hüseyin Özdemir
oezpa GmbH
International Management Consultants for Strategic Organization and Personnel Development
Schloss Buschfeld
50374 Erftstadt
Tel.: 0 22 35 / 92 94 00
E-Mail: *h.oezdemir@oezpa.de*
www.oezpa.com
Internationaler Unternehmensberater und Trainer

Helene Rang
Nah- und Mittelostverein e.V.
Große Theaterstr. 1
20354 Hamburg
Tel.: 0 40 / 4 50 33 10
E-Mail: *numov@numov.de*
www.numov.de
Organisation von Fachtagungen, Seminaren, Konferenzen und Ausstellungen zu den Ländern des nahen und mittleren Ostens

Prof. Dr. Olga Rösch
Leiterin des Instituts für Interkulturelle Kommunikation
Technische Fachhochschule Wildau
Bahnhofstraße
15745 Wildau
Tel.: 0 33 75 / 5 08-3 67 oder -3 48
E-Mail: *roesch@sprz.tfh-wildau.de*
www.tfh-wildau.de/interkom
Expertin für Russland und osteuropäische Länder

Veronika Rolle-Green
VeRoChina
Schönfeldstr. 19
80539 München
Tel.: 0 89 / 20 23 99 57
E-Mail: *vrg@rollegreen.com*
Trainings für kürzere und längerfristige Einsätze in China

Anhang

Dr. Paul Schiffmann
Bahnhofstr. 24
66359 Bous
Tel.: 0 68 34 / 78 21 93
E-Mail: *Dr.Schiffmann@cta-schiffmann.de*
www.cta-schiffmann.de
Auslandsvorbereitungen für Fachkräfte, Projektleiter und auch komplette Teams für arabische Länder, Asien, Afrika und die Golfstaaten

Stefan Schmid
Sommerstr.10
81543 München
Tel.: 0 89 / 20 32 12 42
E-Mail: *st_schmid@arcor.de*
Spezialist für Großbritannien

Dr. Sylvia Schroll-Machl
Pfleggasse 15
94469 Deggendorf
Tel.: 09 91 / 87 31
E-Mail: *S.Schroll-Machl.R.Machl@t-online.de*
www.schroll-machl.de
Interkulturelle Psychologie, Training, Coaching, Personalentwicklung mit interkultureller Orientierung für diverse Länder

SIETAR Deutschland e.V.
Postfach 31 04 16
68264 Mannheim
Tel.: 06 21 / 7 17 90-02
E-Mail: *contact@sietar-deutschland.de*
www.sietar-deutschland.de
Teil der weltweiten SIETAR-Gruppe mit über 30 Länder- und Regionalgruppen, Netzwerk zur Verbesserung interkultureller Kommunikation und Kooperation, Forum für Berufstätige mit kulturübergreifenden Aufgaben

Service-Adressen

Monika Zabel
crossXculture
Großer Burstah 50-52
20457 Hamburg
Tel.: 0 40 / 3 74 36 35
E-Mail: *crossXculture@aol.com*
Expertin für Business-Verhalten in diversen Ländern

Fouad Zoweil
Am Hopfengarten 6c
64295 Darmstadt
Tel.: 0 61 51 / 30 73 40
E-Mail: *CZoweil@aol.com*
Experte für Nahost, Nordafrika, Ägypten

(Stand: Mai 2006)

Literaturhinweise

Baumer, Thomas: Handbuch Interkulturelle Kompetenz. Zürich 2002

Baumgart, Annette; Jänecke, Bianca: Russland-Knigge. München 2005

Beste, Ruth: Deutsche Führungskräfte in Frankreich, Interview-Auswertung, hrsg. v. Institut für Interkulturelles Management. Rheinbreitbach 1995

Brenk, Charlotte: Trainingsprogramm zur Verbesserung des emotionalen Befindens unter Einwanderern. Ein interkulturelles Kompetenztraining. Trier 2003

Fichtinger, Heinz; Sterzenbach, Gregor: Knigge fürs Ausland. Planegg 2003

Frank, Sergey: Internationales Business. Präsentieren, Verhandeln, Business English. Planegg 2003

Gesteland, Richard R.: Global Business Behaviour. Erfolgreiches Verhalten und Verhandeln im internationalen Geschäft. Zürich 1999

Heck, Gerhard; Wöbke, Manfred: Arabische Halbinsel. Ostfildern 2001

Herbrand, Frank: Fit für fremde Kulturen. Interkulturelles Training für Führungskräfte. Stuttgart 2002

Hofstede, Geert: Culture's Consequences. Comparing Values, Behaviours, Institutions and Organizations Across Nations. Thousand Oaks, Kalifornien 2003

Layes, Gabriel: Kulturdimensionen. In: Thomas, Alexander; Kinast, Eva-Ulrike; Schroll-Machl, Sylvia (Hg.): Handbuch Interkulturelle Kommunikation und Kooperation, Bd. 1: Grundlagen und Praxisfelder, S. 60-74. Göttingen 2003

Literaturhinweise

Marco Polo: China, Reisen mit Insider-Tipps. Ostfildern 2001

Moir, Alexej: Kultur Schlüssel Türkei, Andere Länder entdecken & verstehen. München 1999

Pohl, Manfred: Kleines Japan Lexikon. München 1996

Polyglott on tour – Schweden. München 2001

Pons Last Minute Sprachführer Schwedisch. Stuttgart 2001

Pons Business-Sprachführer Chinesisch, Sprache und interkulturelles Know-How für Geschäftsreisende. Stuttgart 2001

Rösch, Olga (Hg.): Interkulturelle Kommunikation in Geschäftsbeziehungen zwischen Russen und Deutschen: Beiträge aus Wissenschaft und Praxis zum 2. Wildauer Workshop „Interkulturelle Kommunikation". Berlin 1999

Rösch, Olga (Hg.): Veränderungen in Europa – Anforderungen an interkulturelle Kommunikation mit osteuropäischen Partnern. Berlin 2003 (Wildauer Schriftenreihe Interkulturelle Kommunikation Bd. 5)

Rupprecht-Stroell, Birgit: Auslands-Knigge, GU Kompass. München 2002

Schroll-Machl, Sylvia: Die Deutschen – Wir Deutsche. Fremdwahrnehmung und Selbstsicht im Berufsleben. Göttingen 2002

Seelmann-Holzmann, Hanne: Global Players brauchen Kulturkompetenz. So sichern Sie Ihre Wettbewerbsvorteile im Asiengeschäft. Nürnberg 2004

Thomas, Alexander; Kinast, Eva Ulrike; Schroll-Machl, Sylvia (Hg.): Handbuch Interkulturelle Kommunikation und Kooperation, Band 1: Grundlagen und Praxisfelder. Göttingen 2003

Thomas, Alexander; Kammhuber, Stefan; Schroll-Machl, Sylvia (Hg.): Handbuch Interkulturelle Kommunikation und Kooperation, Band 2: Länder, Kulturen und interkulturelle Berufstätigkeit. Göttingen 2003

Thöns, Bodo: Litauen entdecken. Europas neuer Mittelpunkt im Baltikum. Berlin 2003

Trompenaars, Fons; Woolliams, Peter: Business Weltweit. Der Weg zum interkulturellen Management. Hamburg 2004

Linktipps

www.geert-hofstede.com
Zusammenfassungen, Auswertungen und Links zur Business-Etikette von einzelnen Ländern

www.thtconsulting.com
Homepage von F. Trompenaars und C. Hampden-Turner mit Erläuterung des Sieben-Dimensions-Modells

www.schroll-machl.de
Links und Downloads zu diversen Ländern

www.intercultural-network.de/einfuehrung
Übersetzung der „Einführung in die Interkulturelle Kommunikation" aus dem Buch von Stephan Dahl: „Intercultural Skills for Business"

www.tu-dresden.de/sulifg/daf/mailproj/kursbu11.htm
E-Mail-Projekt zur Entwicklung interkultureller Bewusstheit

www.ikkompetenz.thueringen.de
Homepage zu interkulturellem Lernen mit Beispielen

www.ifa.de/zfk/index.htm
Deutschsprachiges Fachmagazin für den internationalen Kulturdialog

(Stand: Mai 2006)

Danksagung

Für dieses Buch habe ich mit vielen Menschen über ihre persönlichen Erfahrungen beim Arbeiten im Ausland und mit Ausländern in Deutschland gesprochen. Dafür möchte ich mich bei ihnen allen ganz herzlich bedanken. Bedanken möchte ich mich außerdem bei den Expertinnen und Experten, die bereit waren, ihr Wissen zum Thema „Interkulturelle Kompetenz" mit mir zu teilen. Ohne ihre Bereitschaft, dieses Buch zu unterstützen, wäre es nicht möglich gewesen.

Ganz besonders danke ich Katja Schwarz für die fundierte Mitarbeit bei der Recherche, Materialauswahl und Strukturierung des Kapitels über „Kulturstandards und Kulturdimensionen". Und Alexandra Legath danke ich für die hilfreiche Unterstützung bei allen organisatorischen Dingen, von denen beim Schreiben eines solchen Buchs erstaunlich viele anfallen – sowie für das kompetente und konstruktive Korrekturlesen des Manuskripts.

Über die Autorin

Isabel Nitzsche hat in München Journalistik und Germanistik studiert (M.A. phil. und Diplom-Journalistin). Nach einer Ausbildung an der Deutschen Journalistenschule war sie zunächst freie Autorin, später Redakteurin und Redaktionsleiterin beim Fernsehen. Außerdem hat sie sich in „Systemischer Beratung" weitergebildet.

Foto: Andreas Pohlmann

Seit 1997 ist Isabel Nitzsche selbstständig mit ihrem Redaktionsbüro printTV und arbeitet für Tageszeitungen, Zeitschriften und fürs Fernsehen. Ihr Schwerpunkt sind die Themen „Job", „Karriere" und „Personal". Sie ist Autorin mehrerer erfolgreicher Sachbücher (u.a. „Erfolgreich durch Konflikte" und „Spielregeln im Job"). Isabel Nitzsche hält Vorträge und Workshops zu Job- und Karrierethemen z.B. zu Spielregeln im Job, Networking, Mentoring oder Konfliktmanagment. Sie moderiert Podiumsdiskussionen bei Veranstaltungen und bietet Einzelberatungen an. Außerdem ist sie Lehrbeauftragte an der Fachhochschule Landshut für „Presse- und Öffentlichkeitsarbeit für soziale Organisationen".

Kontakt:
Isabel Nitzsche
Redaktionsbüro printTV
Pettenkoferstr. 24
80336 München
E-Mail: *nitzsche@printTV.de*
www.printTV.de

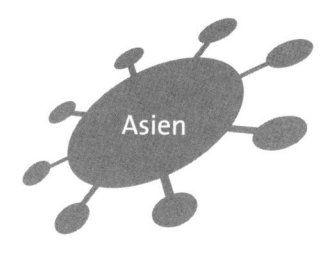

Hanne Seelmann-Holzmann
Global Players brauchen Kulturkompetenz
So sichern Sie Ihre Wettbewerbsvorteile
im Asiengeschäft
ISBN-13: 978-3-8214-7633-9
ISBN-10: 3-8214-7633-8
238 Seiten, broschiert
€ 19,80 / CHF 32,90

Wer in Asien Geschäfte machen möchte und die Verhaltensregeln nicht kennt, kann böse Überraschungen erleben. In diesem Buch führt die Autorin in die grundlegenden Unterschiede zwischen westlichem und asiatischem Denken ein.

„Wer diesen Ratgeber gelesen hat, kommt wissend zum Ziel, wenn er auf Marco Polos Spuren wandelt."
Handelsblatt

Bestellen Sie ganz einfach per Telefon, Fax, E-Mail oder online auf **www.bwverlag.de**.
BW Bildung und Wissen Verlag, Nürnberg
Telefon: 09 11/96 76-300, Fax: 09 11/96 76-189, E-Mail: serviceteam@bwverlag.de

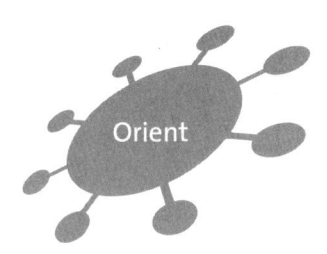

Sylvia Ortlieb
Business-Knigge für den Orient
Mit Kulturkompetenz zu
wirtschaftlichem Erfolg
ISBN-13: 978-3-8214-7655-1
ISBN-10: 3-8214-7655-9
200 Seiten
€ 19,80 / CHF 32,90

Der Orient ist für Europa ein wirtschaftlich hoch interessanter Partner, und das gilt ebenso umgekehrt. Der arabische Markt, allen voran die Golfstaaten, ist hauptsächlich in den Bereichen Energieversorgung, Informationstechnologie, Gesundheit und Tourismus ausbaufähig für Innovationen und wirtschaftliche Entwicklungen.
Was Kulturkompetenz für den Ausbau dieser Handelsbeziehungen bedeutet und wie man sich diese aneignen kann, zeigt Orientexpertin Sylvia Ortlieb in ihrem Ratgeber. Sie porträtiert die Länder des Maghreb und des Nahen Ostens, die Golfstaaten und den Iran, und erklärt, mit welchen Business-Regeln die Handlungskompetenz erweitert werden kann. Kenntnisreich stellt sie orientalisches Denken vor und beschreibt praxisnah, wo Konfliktsituationen drohen und wie diese zu meistern sind.

Spruchreif:
verschicken Sie eine witzige E-Card
www.bwverlag.de

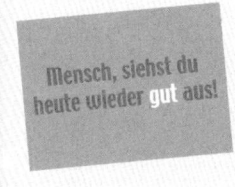

Karl-Heinz List
Das zeitgemäße Arbeitszeugnis
Ein Handbuch für Zeugnisaussteller
ISBN-13: 978-3-8214-7653-7
ISBN-10: 3-8214-7653-2
229 Seiten + CD-ROM
€ 19,80 / CHF 32,90

Karl-Heinz List zeigt, wie man zeitgemäße Arbeitszeugnisse formuliert. Den zuständigen Personalverantwortlichen gibt er dafür praktische Hilfsmittel an die Hand: Beurteilungsbögen, Formulierungsbeispiele und Musterzeugnisse. Alle Text- und Formularvorlagen sind auf der beiliegenden CD-ROM gespeichert und können so direkt in der betrieblichen Praxis verwendet werden.

„Karl-Heinz List ... hat einen Leitfaden verfasst, der Vorgesetzten hilft, in kurzer Zeit aussagefähige Beurteilungen zu schreiben."
Freie Presse, Chemnitz